分析実践の進展

精神分析臨床論考集

松木邦裕
Kunihiro Matsuki

創元社

まえがき

『自分の人生について私が知るところを振り返ってみるなら、このときにこの立場で私がここにいるとはまったく想像できなかった』――この発言は、最晩年のビオンがイタリアでのセミナー〔一九七七年〕でことばにしたものだが、ここしばらく、とりわけ、この一、二年に感じている私の思いでもある。まさに中間休止 *caesura* を何度か体験した。しかし当然ながら、精神分析臨床は続いている。

それまでは、精神分析のためのプライベート・オフィス、精神科病院での仕事が日常の生活そのものであった。本書に収めている論考は、まさにそうした期間、十年以上にわたって働いたそれらの場での臨床経験をもとに書いてきたものである。精神分析・心理療法の専門誌や専門書が主たる源泉であるが、精神医学専門誌に書いたものも含まれている。

＊＊＊＊＊＊　　＊＊＊＊＊＊　　＊＊＊＊＊＊

本書は三つの部で構成されている。第Ⅰ部は〝精神分析に基づいた心理療法での技法的な問題〟をおもに取り扱っている。次なる第Ⅱ部は〝精神医療という枠組みのなかでの心理療法〟を念頭に置いて検討したものである。最後の第Ⅲ部は〝精神分析でのいくつかの理論〟の考察が軸になっている。いずれも分析臨床上の実感がないことには書けなかったものであることは、改めて述べるまでもない。こうした三部を包むように序章と終章が配されているが、それらは精神分析臨床家として生きることにかかわるものである。この精神分析臨床家として生きるということが、このごろ私に、考えることを求めて衝迫してきているものである。

それぞれの部の始まりに「もの想い」と題して、そのような精神分析臨床家として生きることについての現在の私の考えを書いている。この「もの想い」三篇と各論考との落差が大きいとするなら、それは、この間の私のなかの変形の性質をあらわしているのだろう。そしてやはり、中間休止・断絶があるように見えるかもしれない。ただ、そうであっても、連続しているものであるはずだと私は思っている。

なお本書では、そうした変形の質と連続性をとらえるためのひとつの試みとして、各章の末尾に「インターアクティヴ・リンクス」と銘打って、当該章に連なる――おもに私自身の、加えて他臨床家の優れた――諸論考を紹介してみた。すなわち、*BEFORE this work* として、先鞭をつけていた論文を紹介し、*AFTER this work* として、その後に著された論文を挙げている。読者諸氏の学びの利便に寄与するかもしれない。

＊＊＊＊＊＊　＊＊＊＊＊＊　＊＊＊＊＊＊

本書が完成するのに二年以上の歳月を要した。ある種のつながりを得て完成にこぎつけることができたのは、津田敏之さんの編集者としての力量と熱意にある。ここに記して感謝する。前述したように、この一年間に私の置かれた環境は大きく変化したが、さまざまな立場と思いを抱えながら、私の変化を受け入れてくださったすべての方に感謝したい。

色なき風の吹く日々に

松木 邦裕

目次

分析実践の進展

——精神分析臨床論考集

装丁　上野かおる

序　章　思わしくない仕事のなかで――こころの健康とは

バッド・ジョブ

精神分析療法あるいは精神分析的心理療法は bad job である。[1]

英語の bad という語は「悪い」「ひどい」「へたな」「有害な」「誤っている」「傷んだ」「不快な」「病気の」といった意味をもっている。あなたがこの仕事を選んでいるなら、それは大変困ったことである。

しかしながら、あなたがこの仕事を選んだことには、あなたが意識していようと無意識に置かれたままであろうと、それなりの切実な理由が、あなたの人生史から発生してきているのであろう。それを私は「ミイラがミイラ取りになる」と述べたことがある。

おそらくあなたは、この仕事に就くしか、生き方が見出せなかったのであろう。こころの平和――それを〝こころの健康〟と言い換えることもできそうだが――を手に入れたかったあなたは、この仕事に就くことが、ミイラから生きた健康人になっていくための最善の手段だと、どこかで考えたのであろう。直感的に、生き物は、生きていることによる苦痛から逃れようとするのにちがいない。

健康な美しいこころ

「健全なる精神は健全なる身体に宿る」というユベナリス〔ローマの詩人〕が発した格言は広く知られている。この箴言についての解釈はさまざまであるとしても、そこに喚起されるのは、身体における健康さと同じような〝こころの健康さ〟についてのイメージである。

身体の健康さとは、傷や病いがなく、強靱でしなやかな弾力をもち美しくもある、伸び伸びした姿を連想させる。そうであるから〝健康なこころ〟も、ゆがみやひずみがなく、強靱で明るくおおらかな美しさをそなえているように思い描かれる。あるいは、こころの健康な発達や成長という考え方には、やはりひずみや偏り・停止・欠損・欠落という負のもののない正常性というものが連想される。健康は善良さを含み、そこには苦痛や苦悩の置かれる場所はない。

私たちが「こころの治療者」として働き始めるときには、どこかに、達成すべき課題として、こうした〝痛みのない健康なこころ〟のイメージを抱いているのではないだろうか。それはたいてい、前意識か無意識に置かれているものであろう。それゆえに、この空想は無意識のうちに治療者自身に大きな影響を及ぼしつづける。

私たちは、自分自身がそのような性質の健康か正常であらねばならないと思い込む。さらに、クライエントのこころも健康という形態に回復させなければならないと思い込む。この結果、私たちは健康か正常であろうと努めるようになり、クライエントも健康か正常にしようと努める。つまり、健康や正常という枠にきちんと入るように、そこから決して出ないようにと、もはや道徳律となった私たちの無意識の意思は、面接室のなかで両者を着実に追い込んでいくのである。

行動化

この窮屈さに無意識のうちにたまらなくなっている治療者もクライエントも、いつのまにかはまり込んでしまっている枠から外れて自由を味わおうとする。からだを動かして身を振り解こうとする。それが《行動化》である。しかしながら、この行動化には、無意識の筋道が必ずついている。

《行動化》は、治療者の場合は〈逆転移〉の無意識的空想からつくられており、クライエントの場合は〈転移〉の無意識的空想からつくられている。それは「無力でないこと」「怯えていないこと」の証である。こうして発生したクライエントの行動化は、治療者を著しく動揺させる【注】。なぜなら、〝こころの健康〟から逸脱して健康を台なしにする《行動化》をクライエントがすることは、治療者自身が正常な治療者として機能していない、無能で無力であることを示していることとして——治療者の抱えている致命的欠損の反映として——耐え難い恐ろしいことだからである。

クライエントの《行動化》によって、治療者は傷つく。この痛みは、意識的には耐えられているようであるが、無意識的には耐えられないものである。ゆえに内心密かにクライエントを憎む。しかしながら、憎むことやたやすく傷つくことは、正常な発達を遂げている善良で健康な治療者にはあってはならないことなので、治療者は急いで、自分自身のこころから「憎しみ」や「傷つき」を排除する。治療者は、とりあえず自分だけは健康な姿に戻る。もちろん無意識に〈逆転移〉の筋道に従って、である。

この排除はたいていの場合、みずからのこころからの「憎しみ」や「傷つき」の排出をなし遂げる治療者の《行動化》によってなされる。治療者はクライエントのこころに「憎しみ」や「傷つき」を見出し、その実、内的に堅くひきこもり、情緒的かかわりを抑止する。一方、表面的には、クライエントの抱く憎しみや悲しみに、善良な好意を能動的に表現する。

クライエントは、予想した反応を治療者が表さないことに著しく動揺する。治療者の平穏さの裏に、なにか重要な真実が巧みに隠されていると思う。なにかが偽られていると感じる。このなにかとは、クライエントが無意識に抱いている転移性の人物像がその内に含んでいるものである。彼／彼女はそれを治療者のなかに見出そうと躍起になる。そこでクライエントは、治療者に挑むかのように、健康なありかたからさらに大きく逸脱するようになる。《行動化》がますます激しくなるのである。

この《行動化》に向き合わざるをえない治療者は、善意を拒絶するクライエントを憎む。また、さらに大きく傷つく。その傷口のこれからの近未来における永続的な拡大に怯える。そして、それゆえ治療者は、自分自身にもクライエントにも、傷つきを隠す。それがまたクライエントに傷つきと憎しみをもたらす。ゆえに行動化は頻発する。

この不幸の循環は、最後には、治療者の認めないわけにはいかない深い傷つき、疲弊、憎しみの暴発をもたらすであろう。

転移

それでは、どのようにすれば、この悪循環は回避されうるのだろうか。

この問いの設定は適切とはいえないように思える。なぜなら悪循環は、治療者が行動化しないにしろ行動化してしまうにしろ、回避できないからである。それは、私たちが精神分析的な治療をおこなっている以上、クライエントが私たちの面接空間に持ち込んでくる〈転移〉という無意識の内的空想世界のなかにクライエントは確固として私たちを位置づけるし、そこで私たちもクライエントの抱えている無意識に展開していく筋道をあえて妨げることはしないからである。それは結果的に、クライエントの抱く転移の物語の筋道にふたりが沿っていくことになる。このことができないか好まない人たちは、精神分析を離れる。

周知のように、精神分析における〈転移〉の物語はすこぶる不幸な物語である。私たちのクライエントになる人たちは、無意識の「不幸な物語」を抱えてやって来る人たちだからである。あまりの不幸さに、抱えている感覚さえ失っている人たちもやって来る。彼／彼女は、たくさんの傷つき・苦悩・憎しみ・悲しみを抱えている――あるいは抱えきれない――がゆえに私たちを訪れているのである。そもそもこの不幸は誰の不幸なのか。エディプスのものか。それともイオカステ、ライオス、スフィンクス、テイレシアス、アンティゴネか。不幸は棲みつく人物を探して彷徨い始めている。

出会う私たちは、〈転移〉にからめとられる。転移が内包している「荒れ狂う情緒の嵐」は必然的に、私たちの外側のみならず内側をかき回し、私たちの内にあるさまざまなものを湧き上がらせ、激しく揺さぶる。そうであるから私たちは、私たちのパーソナルな考えや感情、生きてきた体験で対応せずにはおれないのである。また、それこそをクライエントは知りたくて刺激しているのである。なぜなら、彼／彼女が不幸に在る原因はそこにあると、意識されることなく、だがはっきりと確信されているからである。

このとき否応なしに私たちは、転移対象であると同時に私たち自身でもある。それが私たちの〈逆転移〉である。私たちは怯えている。

不幸と触れあうことは不幸なことである。〈転移〉を生きることは傷つくことである。それでは、私たちは、聖母や偉大なる父になろうとしているのか。それとも、恩返しの鶴や幸福の王子になろうとしているのか。

そうなのかもしれない。

逆転移

私たちが精神分析の治療者を目指した理由は何なのだろうか。その理由こそが、私たちの〈逆転移〉の奥底にあるものである。

私たちは、どのようにしてミイラになっていたのか？　どのような質をもったミイラだったのか？　私たちは死んでしまったままなのか？　そうして私たちは、傷つきたくない、癒されたい人たちなのか？　あるいは、傷つきを一身に引き受けようとする人たちなのか？　それとも、もはや傷つかない癒し人たちなのか？

——それは、私たちが知っておかねばならないことである。

〈逆転移〉は、知りたくないものから成り立っている。〈逆転移〉として私たちのこころにあるものは、知ると傷つくものばかりなのである。それが、私たちの〈逆転移〉がこころの無意識に置かれつづける理由である。それでもその位置から〈逆転移〉は私たちを常に誘導している。私たちが傷つかないように。もしくは、傷つかないようにしているにもかかわらず、なぜか傷ついてしまうことになるように。

無意識——もともとこころのなかにあったもの——が排出されてこころの外に置かれているもの、それが〈逆転移〉である。こうして実は〈逆転移〉は、私たちのこころの外部にあって、外から私たちを動かしている。外界の出来事として私たちをさまざまに刺激するのである。〈逆転移〉が私たちを《行動化》させるゆえんである。

私たちが〈逆転移〉のなにかに気がついたとき、それはもはや〈逆転移〉ではなくなっている。気づきはそのなにかを私たちのこころの内に位置づける。そうなれば、それは私たちの意識的な行為であり、意識的な考えであり感情である。しかしそれは、そもそも知りたくないものであったのだから、気がつくこと自体が不幸なことでもある。

それなのにどうして私たちは無意識の〈逆転移〉を知ってしまうのか。知ることが、不幸を現実にしてくれるからである。意識されない不幸は、その不幸感に浸るままでしか、私たちはいようがない。無意識の空想には触れられないのである。けれども現実の不幸は、その痛みの箇所が強く実感される分だけ、痛みを和らげる対応を考えないでおれなくなるのである。

それは現実の激しい痛みなのである。その痛みを知らないままに幸福に生きていけるのなら、それにこしたことはないように思える。そのように生きていくことも生き方なのである。しかし私たちは、知らないままに幸福に生きていけない人たちのことを知っている。なぜなら、私たち自身がそのなかのひとりだからである。加えて、私たちは精神分析の治療者になってしまっているのだから、それをできるだけ知っておかねばならない。ゆえに〝バッド・ジョブ〟なのである。

コンテイニングと解釈

私たちが精神分析の治療者として面接室のなかにいるとき、私たちのこころがとる姿勢は、クライエントの不幸で苦痛な思いを受け取ること、能動的に感受すること、もしくはクライエントの気持に寄り添うこと、と表現されるであろう。

私たちのかかわりは、クライエントが抱く無意識のこころの対象関係（母子関係）を考慮するなら、《ホールディング（抱くこと）》《コンテイニング（包み込むこと）》と表現される。面接場面においてクライエントは、みずからのこころに置いておけない苦痛な考えや感情を排出するが、それらの痛々しく刺々しいものを、私たちは自分のこころにコンテインし、滞在させておこうとする。そしてその刺々しいものに触れておこうとするのである。それをしようとするなら、私たちは私たちのこころの使用可能部分の容量をできるだけ大きくしておく必要がある。ここに、私たちが治療者として〈逆転移〉を知っておくようにしていく理由のひとつがある。

《コンテイニング》することは痛いことである。クライエントの不幸な感情や考えという刺々しいものをこころで包もうとするのだから、棘が刺さったり擦られる箇所に傷が入り、痛みは必須な事態として発生してくる。私たちがこころの容量を広げているのなら、それだけ傷は入りやすくなっている。

それでも私たちは、この痛みにもちこたえようとする。痛みにもちこたえてクライエントの思いに触れようとしつづける。この「もちこたえる」という行為は、さらに傷つくことにつながりやすい。なぜなら、排出された刺々しいものをコンテイニングしつづけて、クライエントの苦痛な思いに触れて理解を重ねていこうとしつづけるためには、それに並行して、治療者が自身のなかの類似する不幸と触れることが欠かせないからである。不幸の「理解」には痛みがある。

《コンテイニング》から「理解」へと進んだその次のステップとして、私たちは《解釈》をおこなう。すなわち、クライエントが排出している、痛みを含む無意識の考え・感情・空想を「言葉」という脳裏に見える／理解されるものにして、クライエントの意識的なこころに戻し入れようとするのである。クライエントがみずからのこころの事実を知るようはたらきかけるのである。彼／彼女の不幸を、現実のそれとして自覚させようとする作業である。

ゆえにこの《解釈》という行為は、治療者にとってひどく怖いふるまいなのである。それは野蛮な攻撃的侵入であって、クライエントを痛々しく傷つけるかもしれない。その跳ね返りによって治療者自身も傷つけられるかもしれない。そうなってしまうくらいなら、避けたほうがよさそうに思えるものである。

だが治療者は、解釈をしないことはクライエントの無意識の〈転移〉をそのまま実演しているなかにいるだけのことであって、それは無意識の「不幸な物語」の苦痛や傷つきを生む「終わりなき反復」になっていくだけであることも知っている。あるいはそれだけではなく、解釈こそが、正しい知識を得てこころが生命豊かになるという「こころの栄養」をもたらすということも知っている。このように、どちらの側にも発生しうる痛みを怖れながら、治療者は解釈するのである。

それにしてもなぜ私たちは、このような精神分析的行為をおこなおうとするのか？　おこないつづけるのか？　それは、治療者になっていること自体が〈逆転移〉からの《行動化》だからなのである。

こころの健康

こうして気がつくことは、治療者である私たちのこころは、初めに述べたような意味での「健康な美しいこころ」ではないことである。

むしろ、その対照にあり、憎しみや傷つきや怖れや欲望や罪悪感に溢れているのである。そうであるからこそ、クライエントが怯えつつ抱えている憎しみや愛情や欲望や罪悪感を実感し、それに触れることができるのである。そして、かつても今も、それらの感情を怖れ、傷つきもしているのである。(2)

〝こころの健康〞とは、無傷で無痛であることではない。善良なよい感情や考えだけを抱くことでもない。憎しみや恨み、悲しみ、羨望、貪欲さといった悪い感情に怯えながらもそれらの感情を知覚していくことも

〝健康なこころ〟のありかたであろう。こうして私たちはさまざまな感情や考えを抱くのであるから、それゆえに罪悪を感じるものである。また傷つくものである。死なないほどに狂わないほどに傷つくということも健康さのひとつであろう。

なぜなら、人生の不可欠な構成要素には「繰り返される喪失体験」があり、対象喪失についての〈悲哀の仕事 *mouning work*〉をその都度なし遂げることは、私たちが悲しみ傷つきながら、こころを「練れた深みと濃さ」のあるものにしていくことだからである。ある人がどのような人かは、その人が喪の悲哀をどのように生きているかに拠っている。

おそらく私たち自身がその人生の始まりにおいて喪失を経験し〈悲哀の仕事〉をなし遂げながらも、どこかうまくやれていないのであろう。そこで遂げきれなかった〈悲哀の仕事〉を達成したいという思いを抱えていたのであろう。それが私たちを精神分析へと駆り立てたのであろう。ほかの援助職に就く人たちにも、多かれ少なかれ似たこころの事情があるのであろう。対象修復のための具体的な行為に向かうその姿勢の違いがあるだけ、といってよいのかもしれない。

私たちはクライエントの〈悲哀の仕事〉につきあいながら、私たち自身の〈悲哀の仕事〉を進めていこうとしているのである。それは二重にこころが痛む作業である。精神分析では、その作業を見つめながら進める。それは不可能な仕事であり、〝バッド・ジョブ〟であるゆえんである。

しかし実際の場面においては、皮肉なことに、私たちが傷つかないでいようとすることは、傷つくことになりやすく、対象の修復に励むよい治療者であろうとすることも、傷つくことになりやすい。ストレスという言葉に何の意味もないように、傷つかない〝こころの健康〟には何の意味もない。私たちは、自分自身が何であり、何を感じ考えているのかをできるだけ知っていることで、ようやく、傷つきながら生き延びる可能性をそこにもつ。そして、私たちが生き延びているのなら、それは運がよかっただけなのである。[2]

〝こころの健康〟とは、喜ばしいことを喜び、悲しいことを悲しめることであろう。身体の健康とは「欠けるところ（負）」がないことにあるのかもしれないが、こころの健康は「負」を受けいれるところにある。

おわりに

私たちが精神分析の治療者である以上、私たちはクライエントの持ち込む情緒の嵐に巻き込まれる。そこで私たちは怯え、傷つき、しかしながらもちこたえようとする。そして実際には、怯え傷つく臆病な自分を知ることで、もちこたえられるのである。なぜなら、私たちの〝こころの健康さ〟は、傷つかないことで守られるのではなく、傷つくという喪失の体験を受け容れられることで保たれるからである。

生きていることが苦しく悲しいことであることを面接室のなかのふたりがほんとうに知ったところに、喜びが生き始めるのである。

注

治療者が先に行動化をした場合——たとえば、そのクライエントは精神分析治療に向かないと治療技法を修正もしくは放棄する、あるいは他所へ紹介する、面接場面での情緒交流を断つ、逆に過度に能動的になるなど——は、クライエントの行動化は抑えられるか、穏やかになる。その結果、表面上の健康が達成されることがある（一例として、認知療法を参照）。しかしそのままでは苦悩が続くことを訴えないでおれないこころも、この状況に置かれたクライエントのなかに存在する。

文献

（1）Bion, W.（1979a）「思わしくない仕事に最善を尽くすこと」『ビオンとの対話——そして、最後の四つの論文』祖父江典人訳〔金剛出版、一九九八年〕

（2）松木邦裕〔二〇〇四年〕「終結をめぐる論考——ある強迫症者と私にとっての『ひとつの終わり』」『心理臨床学研究』22-5

初出

「思わしくない仕事でのこころの健康——フロイトに学ぶ」『臨床心理学』6-5〔金剛出版、二〇〇六年〕

Interactive Links

♣ *BEFORE this work ...*

ビオン，W. (1979)「思わしくない仕事に最善を尽くすこと」

『ビオンとの対話――そして、最後の四つの論文』祖父江典人訳〔金剛出版、1998 年〕

これはビオンの最後の講演論文であり、不可能な bad job としての精神分析を語っている。そして「ふたつのパーソナリティが出会うときに、そこに情緒の嵐が生まれます」という有名な発言から始まる。言うまでもなく、本論考はこの論文にインスパイアされている。

松木邦裕「事実を恐れること」

『精神分析研究』43(2)，173-178, 1999

本章につながる、私の分析臨床体験のひとつが記述されている。

藤山直樹『精神分析という営み』〔岩崎学術出版社、2003 年〕

精神分析臨床家の実践中の内的体験と分析空間での体験に意味を見出す作業との関連、そしてその困難さと達成がみごとに描写されている。「ストレス」や「燃え尽き」という用語が、真にこころにかかわるときには空虚なことばであることが理解できるだろう。

AFTER this work ... ♣

松木邦裕「精神分析家とは何なのか」

『精神分析体験：ビオンの宇宙』〔岩崎学術出版社、2009 年〕

「第３部　精神分析家であること」の始まりの数ページに記載しているのは、ビオンが述べた精神分析家であることの難しさについてである。この難しさを考えつづけることこそが、精神分析臨床家に求められていることである。

第Ⅰ部　臨床の空間に浮かびあがること

もの想い……

視　座

私たちの実践している精神分析というこころの臨床は、社会から高い評価を得ている視座――たとえば道徳論・経済論・教育論・宗教論など――からすると、まどろっこしすぎて、どうしようもないものだろう。

私たちの臨床

誰でもとっくに知っているまったくわかりきったこと――たとえば「親密な人同士のあいだには愛情も憎しみもある」「人には人が必要である」「喪失には悲しみが伴う」「憎しみですべてが失われるわけではない」など――に、それで苦悩するクライエントとともに、人生での扱い難い重要な課題として私たちは取り組む。そして、繰り返される面接において再三再四、それらについてこころを砕き、ひたすら考えつづけるのである。

正しいことは正しいのだし、「悪いことや嫌なことはしてはいけない」。余計なことは考えても仕方がないのだし、人を責めたり恨んだりせず、羨望や嫉妬をしないで、「人はひとりでは無力な存在であるだから、人に感謝し、思い遣りのこころで接することが大事」、感情に走りすぎずに、考えるべきことを考え、被害的・悲観的に受け取らず「謙虚に、ものごとは明るくポジティブに考える」とよい。これらすべては、わかりきったことである。だから、それらの〝正しく健康な〟考えや見方を自分のものにすればよい。ただ、それだけなのである。

ただ、それだけなのに――


『なにかちょっとしたことで不安になって、苦しくて仕方がないんです。』

『自分が、発狂してしまう／衝動的に人を殺してしまう／淫乱すぎている／死んでしまう……のではないかと、ものすごく怖いんです。』

『気持が重すぎて／希望が何もなくて／すべてがむなしくて／自分を傷つけたくて……どうしようもないんです。』

『あのトラウマが／傷つけた罪悪感が……襲ってきて、苦しくて苦しくてたまりません。』

『わたしの苦しみを誰も理解してくれず、むしろ非難してきます。』

――と、長いあいだ抱えている苦しみを切実に訴えつづけるクライエントに、私たちはじっと耳を傾けるだけで、『あなたの認知は間違っています。その考え方を変えなさい』と親切に言うこともせず、何のアドバイスも与えず、手助けとなる行為も起こそうとはしないのである。

それは怠慢ではないか。

たしかに、私のアナライザンドのひとりは言った――『ここに来ても、なんにもなりません。気持が楽になる具体的な方法は、なにひとつ教えてくれなし、いくら話しても、自分の苦しみはまったく楽になっていないし、時間とお金の無駄です。あなたも、ほんとうにはわたしを理解しようとしていません』。

しかし不思議なことに、このようにたびたび言いつつ、このアナライザンドは何年も私に会いに来つづけた。数年が過ぎた。私たちは数百回会った。その途中から彼は『どうしてここに通っているのか、わかりません』と、ときどき独り言のようにつぶやいた。そして終いには『わたしの考え方に問題があるということがわかった。でも、どうしたらいいか、わかりません』と言い出した。それからまたずいぶん経って、ポツリと『自分が変わればいいとわかっているんです。でも、その勇気がないんです』と言った。

「言うは易くおこなうは難し」という古くからの成句は誰もが知るものだろう。この成句は、視座の変換、すなわち視点を変えることに、直《じか》にあてはまる。そして、視座を変えることこそが、私たちがかかわるこころの臨床での本質的な作業である。

頂点

ビオンは、視点・視座ということばを好まなかった。そこで頂点という用語を採用した。頂点ということばは「三角形のひとつの頂点から引いた直線を補助線として……」というような数学用語からのものである。ビオンが好まなかった理由は、視点や視座という語には、すでに〝視る〟という視覚感覚の体験様式が含まれている。そのこと自体が、そのまま視るという限局された視座に固定されていることだからである。その行為の具体的な形態に染まっている視座・視点を変えるのではなく、頂点を移すほうが、そこから考えが展開するその自由度は高い。しかし同時に、「頂点を移す」では、それが何のことなのかよくわからないことにもなりやすい。具体的なものは利用しやすいが、利用範囲が限られてしまうのである。

三本のバナナは、食べるか、床に置いて人を滑らせることしかできないが、3という数字は、バナナにもうなぎにも利子計算にも多岐にわたって使える。一方、そうした抽象化されたものは、広く使えるが、抽象化が高度になるほど、実際的ではなくなってくる。『その3は、何の3なのだ』『3だからどうなんだ』となるのである。わからなくなるものなのである。理論、とりわけ精神分析理論もそうである。「去勢不安」「見捨てられ不安」はわかりやすい。しかし「超自我不安」はわかりにくいだろう。

私たちの臨床のわからなさ

私たちの臨床は、クライエントあるいはアナライザンドと呼ばれる人たちがやって来て、私たちの前で話したり、感情をあらわにしたり、なにかの振舞いをする――頭を掻く、絵を描く、字を書く、場合によっては突然退出したり、面接者を叩く――ことで成り立つ。それらを聴く、見る、嗅ぐ、味わう、触ることのうちのいずれかは、私たちはその場でできる。ところで、それはクライエント自身にとっていったい何なのか。彼／彼女がそのようにとらえているのは、どのような〝視座〟からなのか。それを理解するのが、私たちの仕事である。

私を叩くのだから、彼女は私に腹を立てているにちがいない。しかし、私を叩くのは、彼女が私をとても好きだからかもしれない。私を叩くのは、私に報復的に懲罰されたいからかもしれない。私を叩くのは、叩くと私が守護天使に変わると彼女が思っているからかもしれない。私を叩くのは、叩きなさいとの幻声の命令に従っただけかもしれない。私を叩くのは、映らなくなったテレビのように私が壊れているので彼女が叩いて直そうと思ったからかもしれない。私を叩くのは、私が眠っているので起こしたかったのかもしれない。私を叩くのは、私に神経がまったくないのではないかと強く疑ったからかもしれない。それぞれ、正義・誘惑・復讐・希望・服従・修理・生理・医学という〝視座〟からの彼女の行為なのかもしれない。それにしても、どうして彼女の〝視座〟が、正義や希望や医学にあるのだろうか。

理解できないときがある。私たちは、まったくわからないものについては、考えることも検討することもできない。ただ、そのままそのとおりに置いておくだけである。そして、それがむしろ必要なときもある。そのとき、私たちはかかわりを最小限にしながら、ことばと行為の観察を続ける。

自傷、自殺企図、破壊行為を繰り返すばかりで、仕事もできず家事も手につかず強い抑うつに苦しんでいる女性がいた。入院を含めた精神科治療を受けていたが、事態はもっと悪いほうにエスカレートするばかりで、つまるところ、私のところを訪れた。彼女の生活はほぼ破綻していた。全壊まであとほんの一歩のようだった。私は彼女を受け入れ、精神分析的心理療法を始めた。

私は面接のルールを説明した。すると、彼女はたくさん話したいことがあると語り始め、面接時間のたびに、こころに抱いていることを語りつづけた。私はときにことばを挿んだが、それらが実に気の利いたものではないことは私自身がよくわかっていた。私は面接の終わるたびに、いまひとつであった私のことばに不全を感じた。しかし私のそれらの栄養不足がはなはだしいことばを、彼女は次つぎにとり入れ、さらに話を続けていった。

発病以来まったくなかったことだったのだが、だんだん彼女は、こころの落ち着きと活力を取り戻していった。あるとき彼女は決心して精神薬をすべてやめたが、なんら悪い変化は出てこなかった。彼女は元気になり、意欲的で人に溶け込んでいた元の自分が戻ってきていると感じ始めた。それからますます元気になり、家事も仕事もできるようになった。もちろん自殺企図や自傷、破壊行為もすっかりなくなった。そんなことは、気がついたら考えなくなっていた。彼女はすっかりよくなった。しかも普段の生活のなかでも新たな〝視座〟からみずからを振り返ってじっくり考え、自分自身が扱うべきこころの問題を見出し考えていくのだった。

私には、彼女が医学的に治癒したことはよくわかった。しかし私なりに考えつづけていたにもかかわらず、わからないことがあった。

それは「なぜ彼女が医学的に治癒したのか」である。それを示唆するいくつかのヒントはあった。また、それが面接のなかで話題になったことも一度ならずあった。しかしそれでも、私には、どうして彼女がよくなったのかがわからなかった。私には、どうして彼女が新たな〝視座〟を自分のものとできるのかがわからなかった。比較的たやすく彼女はそうするのである。その後もしばらく彼女は通ってきたが、私の事情をきっかけとして、両者の合意でこの心理療法は終結した。

視座の変換

ものごとを順序立てて理解することは、なにかを記憶し、それを活用するにはとても有用である。それは、既成の理論に矛盾なく添うことになるし、系統だった理解と記憶を成立させる。

また、そこに別の考えや理論を付加していくことも可能にする。ゆえに学校教育は伝統的に、この方式を採用している。それを啓蒙という。

一方、そうした学校教育のなかにいる生徒は、ある日突然、目の前で授業をしている社会科教師が、生活のために働いているひとりの中年肥りのくたびれた大人に過ぎないことに気がつく。そのとき「先生」は「あの人」になるのである。

この生徒は〝視座〟の変換を体験した。突然、教師の表情・口調・服装がこれまでとまったく違って見えるのである。すべては昨日の授業のときとまるで変わっていないはずのものなのに。彼は「周りのすべての人がそこに収まっているこの世とは、閉塞のなかを従順に生きていかざるを得ない社会である」という視点を手に入れたのである。この社会科教師が授業のたびに教えつづけていたにもかかわらず、この視点は、教師自身は望まないものであった。この生徒は、もはや教師を信頼しなくなるかもしれない。あるいは「あいつ」と、教師を軽蔑し反抗しだすかもしれない。

新たな気づき、「洞察」と呼ばれるものは、突然に発生する。まったく新しい考えが浮かぶ、あるいは、それまで知ってはいたが、何ということはなかった考えが、唐突に大きなものとして感じないではおれないものになる。そのときには、すでに〝視座〟は変わっている。

あるアナライザンドは分析のなかで、みずからの嫉妬心の強さに改めて気づいたが、そのため多くの人たちを傷つけていたことにも気がつくことになった。彼はこころの痛みを感じ、落ち込まないわけにはいかなかった。その苦しさは彼に「いや、嫉妬心からの向上心こそ、社会的な成功をもたらしている」と考えさせた。「嫉妬心は向上をもたらす宝物なのである」と。そのとおりであろう。だが不幸にも、すでに〝視座〟は変わってしまっていた。その宝物が人を傷つけていたことも、視野に入ってしまうのである。上を見ても、下も見えてしまう。こころは揺れつづけた。

この突然の気づきは、その人には真新しく貴重なものである。しかし、それと同時にそれは、周りの人たちはとっくの昔に知っていたものであり、当人もまったく知らなかったものではなかったのかもしれないものなのである。サンタクロースの不在、性行為の存在は、普遍的な例である。私たちはすべてを知っているが、同時に何も知らないのである。そして真実の発見は、人の生涯においてはひどく困難である。少なくとも、その真実に気がつくまでは。

技法上の問題

精神分析での進展は、一歩一歩を踏みしめる山登りのように、あるいは遙かに続く道を歩いていくように、ゆっくりと変わっていくものなのだろうか。すなわち薄皮を剥ぐように、アナライザンドの防衛を丁寧に一つひとつ取り外していくものなのだろうか。もしくは、病的に組織されたパーソナリティ部分を一つひとつじっくり取り上げて、その繊細な歪みをきめ細かに是正しながら、こころの平衡を徐々に変えていく、ということをしていくものなのだろうか。

私にはそうではないように思える。そこには真の進展はない。それは結局のところ、一歩前進・一歩後退に終わるようである。そのように接近されていく分析は、ある時点で袋小路に入るか、堂々巡りになる。

その継続は、新たな改善が永遠に続いていく〝終わりなき分析〟である。あるいは、その行き詰まりの重苦しい状況の打開を求めて対立か行動化が生じる。その結果は、「中断」または「早すぎる終結」という〝不幸な破局〟である。もしくは「新たな改善」にふたりが十分に満足して終わる〝幸せな終結〟である。

いずれ、そうした行き詰まりに私たちは行き着く。この行き詰まりは、そのアナライザンドの人生にかつて起こっていたことであり、ゆえに彼／彼女が私たちのところに来た理由の再現である。その行き詰まりに、私たちはそのまま居つづける。居つづけて、行き詰まりをそれとして認め、見つづけなければならない。それをあたかも「進展しているもの」であるかのように見ようとしてはならない。ともかくも、その不快のなかにそのまま居るのである。もちろん、ただ居るのではない。事態を考え、打開案を探り、精神分析という構造のなかで「進展を許ろう」と思うのである。

しかし、なにも変わらない。いやむしろ、ここではなにも変わってはいけないのである。そうしていると、どうにも動きようのない考えや感情のなかに、厚い壁を眺めつづけていると細いひび割れからの小さな穴がふと見つかるように、ある日、これまでとはどこか異なっているほんの些細な考えか感情が突然、見つかる。

ずっと眺めていたにもかかわらず、その穴はそれまで見えなかった。どうして見えるようになったのかわからないが、もはやそこに小さな穴は見えており、それは否定できない。そこで、その穴に顔を近づけて覗くと、その視界に新しいなにかが見えるように、些細な考えから突然に、違ったものが大きな意味をもって見えてくる。気がつくと、行き詰まりは突き破られていたのである。

精神分析での進展は、行き詰まりと突破を繰り返すもののようである。それは、ある閾値に達すると、ステップが次の水準にさっと上がるというような、段階的な体験と表現してよいのかもしれない。その段階は、建物のなかに整然と順序良く並んでいる階段のようなものではなく、山道に誰かが造作したような階段である。そして気づくと、目の前にあるのは次のステップであり、先ほどのステップは過去のものになっていたのである。

ただしそうなるには、「行き詰まり」を「行き詰まり」としてもちこたえておく力量が、臨床家に求められる。臨床実践の実際では、両者がもちこたえられなければならない。そこに産みの苦しみがある。希望はあるが、目の前にそれはない。見通しはあるようだが、ここには見えない。

ここで私たちは「変化のための行動」を起こしたくなる。精神分析という枠を放棄したくなる。こうして家族療法や認知療法は生まれた。精神分析という枠の内で、技法の修正、もしくはパラメーターの導入を図りたくなる。こうして、短期力動療法や修正感情体験や自己心理学は生まれた。あるいは変化が起こっているのだと思いたくなる。こうして交流分析やロジャリアン・カウンセリングは生まれた。

しかし私たちは精神分析という枠に留まり、〝視座〟の変わるときを待つのである。多くの場合、「いつまでも頑迷なままで、何をぐずぐずしているのだ」との批判と非難を浴びながら。

もう一度、視座について

私たちは、地球の表面に生きている。ゆえに、地球という星に置かれているさまざまな物体を知っている。多くは学校で習った。あるいは本やテレビや人から教えてもらった。こうして知識があるために、私たちは知っているのである。だから知っているものを感知しながら生きている。――と、思っている。

そうではない。私たちは私たちのこころにすでに受け入れられているものしか、視ることも聴くことも嗅ぐこともできない。そうでないものは、知識として持っているが受け入れてはいない。知識という頭のなかの装飾家具にすぎない。自己愛的万能感というものについて私たちは知っている。しかし私たちというその人こそが自己愛的万能感に浸っている当の人物だとは受け入れていない。

私たちは、私たちの内の意識されていない特定の〝視座〟から見ているのである。正確に言うなら、その視座からしか見ることができない。また、その視座から見たいものしか見ない。それは、社会的には「時代の文化」と呼ばれ、個人的には「個性」と呼ばれる、どちらも透明な魔物である。この魔物は見えないために、知らない人も多い。魔物にとらわれている不自由さに気づかないままに生涯を終わる人たちも多い。しかしそれに気づかないわけにいかない人たちも、少数ながらいる。その人たちが、私たちのクライエントになることを志願する人たちであり、私たちである。

私たちに何ができるだろうか。無意識の透明なものに何ができるだろうか。何もできないのである。そう、意識しようとこころがけることしか、私たちにはできない。クライエントがその〝視座〟とそこから見ているものを意識するように、援助することしかできない。そうして透明なものが意識に上がるなら、光の加減で、その輪郭やほのかに色の着いている部分が目に入ることもあるだろう。しかし、それさえ達成できないことが多い。わかったふりも、できているふりも出来ない。不可能な仕事、それが私たちの専門職なのである。

第一章　こころを砕くこと――漂うかけらと、もの想い

出会い

精神分析場面において、アナライザンド（被分析者）は自身のなにかを抱えて、そのなにかを分析家が何らかのやり方でこころ穏やかななにかにしてくれることを期待して、その場に臨む。

ある女性は、死んでしまいたいほどの苦しさを抱えて、私と会う。別の男性は、自分のなかのなにかが自分の意思とは無関係に突然話し始めたり、泣き叫んだり、手足を動かしたりすることの、あまりのつらさから私と会っている。もうひとりの男性は、過去のある出来事がこころに澱んでいるゆえに、私に会わないでおれない。もうひとりの女性は、なにも切実な問題を語らないが、私と会い、おおいに語りつづける。

こうしたアナライザンドがそれぞれこころに抱えているなにかとは、何なのか？「死んでしまいたいほどの苦しさ」「奇異な出来事ゆえのあまりのつらさ」「過去のある出来事」「なにも切実な問題がないこと」なのかもしれないし、それは違うかもしれない。しかし、どうして私たちは「違う」と考えるのだろうか。なにかについてわかっているのだろうか。いや、そうではない。それなら、そこから私たちは探ってみるし

かない。

こうして私たちの検索は始まる。そこで私たちは、みずからのこころを含む自分自身を使って、アナライザンドのパーソナリティ、こころと出会おうとする。

もの想い *reverie*

あるアナライザンドはカウチに横たわり、昨夜ある会合にひとりで出掛け、そこで重苦しそうな表情の彼女に知人の女性が慰めの言葉をかけてくれたいきさつを、落ち着きを感じさせる声色でゆっくりと語っていく。それを、私は後ろに坐ってじっと聴いている。

私は想う——「今日の彼女は穏やかな気持のようだ。でも、来たときには表情がなかった。多めの薬物のためなのだろうか。彼女は、昨夜は何かを思って眠れなかったのかな。それとも私に何か思っているところがあるのだろうか」。

耳を傾けながら私は、自分自身は行ったこともない、彼女が出掛けた会合の様子やそこでの彼女を、視覚的に想像していく。やさしそうな中年女性が彼女に語りかけている姿が浮かぶ——「そういえば先日、歩いているとき私は、とても悲しそうに泣いている小学生の女の子を上手にあやしている女性を見た。あの中年女性のあやし方の穏やかさとやさしさがとても自然だった。そうした女性が、こころの重さに苦しんでいる私の別のあの男性アナライザンドには必要なのだろうな。……おそらくその知人の慰めの言葉に、彼女は安らいだのだろう」。

彼女は語りつづけるが、急に語気を強くする——『わたしは、話しかけられたくないんです。そこにいるだけで精一杯なのに、話しかけられて、それに答えるなんて、出来ません』。

瞬間、私は戸惑う――「知人の声かけに安らいでいた、と私は見当違いをしていた。彼女はその女性に怒っている。私にも、彼女の怒りが当たった。いまのこの見当違いを怒られた感じがする。間違っていた。そうだ、知人の語りかけをポジティブにとらえた介入の言葉を、早々と口に出さないで待っていてよかったと思う。でも、この澱んだ重い空気は？　……そうか、彼女は話しかけてきた知人に怒っているが、同時に、きちんと爽やかな対応ができなかった重苦しい自分を恥じているし、その自分を責めている。これまで語られてきたような、みずからの無力さに絶望しているのだろう」。

一瞬にして私のなかに、自分自身が小学校のときピアノ実技の試験でまったくうまく弾けず、みじめな思いをしたあの感覚、そして親しい友だちが親切に事前に練習を誘ってくれたが、それを安易に断ったことへの後悔の思い、取り返しのつかなかった苦い思い出が湧き上がってくる。みじめさと無力感、後悔を、私はなまなましく味わう。

絶望……。そして、想う――「彼女はそれらの情緒をもはや幾らかは私に向けて出しながら、いまだなんとか自分で抱え持っておこうとしているようだ。しかし、もう限界はやってきている。抱えきれず、彼女は死にたくなるかもしれない。それに、彼女に耳を傾けたまま黙っている私もまた、言葉をかけられてもそれに答えられない彼女に、彼女自身のように絶望し、強く責めているとも感じられているかもしれない」――「それでは、私は彼女に私の理解を伝え、彼女が表しきれていないみじめさと無力感・卑小感を私がきちんと受け取ろうとしてみようか。私のこころの湿りは、彼女の気持と不釣合いにあるのではないだろう。では、どう語りかけようか」……。

こころの世界に棲みながら

こころは、どこにあるのだろうか。

これは、問うまでもない問いであろう。私たちはヒトという哺乳類の生物であり、その生物は全身を覆う皮膚によって外界から区別されているのであるから、当然こころはその内部領域にある。実際、私たちは知的には、こころは脳に位置すると考え、感覚的には、胸のうちにあると感じている。

しかし、私たちがみずからの体験をじっくりと顧みるなら、こころのなかに私たちが棲んでいることに気づくにちがいない。

ある小さな精神分析セミナーで、私は輪番制の講師として、ひとつの臨床論文を討論していた。そこにひとりの男性メンバーが遅れてやって来た。すぐに討論に加わったが、彼が始めたのは、私への激しい攻撃と非難であった。私は彼とは個人的な面識はなく、言葉を交わしたこともなかった。その彼が軽蔑と嘲りを込めて、私の発言を大声でことごとく非難するのである。私は、彼があからさまに憎悪と敵意を私に向けていることはわかったが、事態が理解できなかった。それは、なにかひどい夢のなかにいるようだった。しかし、それは私の夢ではなかった。言い換えれば、私のこころの世界ではなく、彼のこころの世界に私も置かれ、閉じ込められている、という感覚だった。

次の例も、精神医療の臨床では馴染みのあるものであろう。

激しい幻覚や妄想、情動興奮といった重篤な混乱状態にあった、入院中のある統合失調症の男性は、病院から離れた地域に位置する自分の住む町が、軍隊に占拠され、破壊されて廃墟になっている、と私に懸命に訴えつづけた。それは彼に聞こえ、見え、わかっていることだった。しかしそれが、彼のこころのなかでのその世界の壊滅という大惨事であることは、彼には考えられないことであった。

私たちは私たちの内にこころの世界を持つが、同時に、私たちのこころの世界のなかに棲んでもいるのである。私たちは、現実世界に生きながら、こころの世界にも棲んでいるのである。

このような私たちの同時の在り方を、思考形式からとらえてマテ－ブランコは、[4]「古典論理」と「対称論理」というふたつの論理がそこに認められるので、「二重論理 *bi-logic*」と呼んでいる。手短かに解説すると、私たちは日常一般では、非対称性の「古典論理」（もしくはアリストテレス論理）思考をおこなっている。換言すれば、理性（論証的・概念的な考え方と直観的・統一的な考え方）で、ものごとは主体に把握される。それは、意識されている考え方（あるいは意識化できる考え方）である。だが、それと同時に私たちは、無意識には「対称論理」と呼ばれる論理思考――関係性は対称 *symmetry* で可換であり、部分と全体は無限集合として同一となる、まったく異なる論理思考――をおこなっている【註】。

こうして、私たちがこころのなかに棲んでいることは、通常、意識されていないのである。すなわち、私たちは私たちを取り囲む世界のなかに生きているし、それらの取り囲んでいるものを知覚してはいるが、それが何なのかを知らないのである。言い換えれば、私たちは知覚できる外界を意識しながら、無意識のこころに取り囲まれているのである。

外界に漂うこころのかけら

こころに出会いたいものである。

ここに、赤ん坊が泣きわめいている。[3] 赤ん坊は、口から涎を吐き出しながら真っ赤になった顔を歪め、オギャーウギャーと声をあらん限り張り上げ、手足それぞれをそらすように、撃ちつけるように、激しくばたつかせている。——すぐそばに若い女性がいる。母親である。母親はその荒れ狂う我が子に注目し、急いでその身体を抱き上げる。そしてリズムをとって揺すり、やさしく楽しく話しかけ、あやし始める。けれども赤ん坊は泣きつづけ、手足をバタバタと動かし体をそらす。あるところで、母親はふと気づいたかのように、赤ん坊にみずからの乳房を差し出す。すると、赤ん坊は泣きつづけながらも、ふとその乳首に吸いつき、吸い始める。やがて赤ん坊は泣くのをやめ、力強くお乳を吸いつづける。もはや手足はばたつかせることなく、委ねるように母親の両腕に抱かれている。

母親は見たもの、聞いたもの、触れたもの、嗅いだもの、感じたものから、赤ん坊の苦しむこころに出会ったのであった。この母親の、なにげないが適切に赤ん坊のこころに触れうる在り方を、ビオンは[1]〈もの想い／夢想 *reverie*〉と呼んだ。〈もの想い〉を、ビオンは次のように解説する。

乳児は、苦痛すぎて自分のなかに置いておけない感覚や情緒を、バラバラに砕いて外に向けて排泄する。その砕かれた感覚や情緒を母親は受け取り、みずからのこころでの〈もの想い〉に滞在させる。母親の〈もの想い〉のなかで、乳児がバラバラに排泄したそれらの苦痛な感覚や情緒が、和らげられ、かつ繋げられて、理解されうるものに変容される。それから、それを母親は、乳児が受け入れられるようになったときに、こころの糧になるもの、意味あるものとして乳児のこころに戻すのである。こうしてそれらの感覚や情緒は、やがて乳児のなかで、こころに置かれて意識できる思考として現実化される。

精神分析の時間に、私たちは〝もの想う母親〟のように機能する。アナライザンドのこころに置いておかれずに砕かれて排泄されているこころのかけら——考えや感覚や情緒・空想——は、面接室という外界に漂っている。それらを私たちは、私たちの〈もの想い〉に受け取り、私たちのこころに滞在させる。こころに置いておく営みを続ける。そして、それがアナライザンドのこころの何なのかをいつしか知るようになり、次には機会を得て、それを言葉による解釈で、私たちは彼／彼女のこころに戻すのである。アナライザンドに見えているが意識されていないもの、知られているが考えられていないもの、考える人のいない考え、実感を待っている前概念は、外界に在る。精神分析空間に漂っているのである。苦痛はアナライザンドのこころを砕き、こころは外界に散らばる。治療者はそれらを〈もの想い〉に受け取り——おそらく母親が為す以上に——そこでこころを砕く。

臨床素材

三十代の女性Aさんとの精神分析的心理療法から、ひとつのセッションを提示しよう。週二回のセッションで続いていた彼女との心理療法が半年ほどを経た時期のものである。

幼児期から、Aさんの育った家庭は経済的に安定していたとはいえず、そのため両親のつながりも不安定だったように思われた。それが、彼女の過度に激しい不安の出現しやすさに関与しているように私には思われたが、彼女は両親を理想化していた。それと同じように、彼女は私とのあいだでも当初、くつろいでいるかのように振舞っていたが、次第に不安は隠せないものとなり、この頃には不安の高まりから、もはや彼女はカウチに横たわったままにいることができず、セッションの途中に起きて坐り込むようになった。そのときの彼女の顔には強い怯えが浮かんでいた。

そのセッションは、Aさんが自分自身の心身の健康さを明るく主張することから始まった。その様子に私は、彼女の懸命さを感じた。それは健気で、ゆえに痛々しさもどこか感じさせるものだった。私は、その彼女を静かにそのまま見守るような思いで、耳を傾けていた。彼女は明るい声で語りつづけた。

しかしながら、その主張とは裏腹に、やがて彼女は涙ぐみ始めた。そして『我慢しているわたしや気を遣うわたしを、人は知りません』と、溜めていたものが漏れ出てくるように内心の苦しさを語り出した。この変化と語られた内容に、私は戸惑いは感じなかった。むしろ「彼女のより深い思いが表されてきた」「彼女のこころに触れる機会を得た」と感じた。そこで、それを受けて私は『あなたは、ここでもいま、ひどく怖いのに、ひとりで我慢して、起きないでいるのですね』と伝えた。


このとき、私のこころには、次の光景からなる物語が浮かんでいた。

Aさんは幼い頃、夜のある時刻になると、子ども部屋で寝るように厳しくしつけられていた。彼女は決められたとおりに子ども部屋で寝ようとする。しかし幼い彼女は、明かりを消した真っ暗闇のなかでの独りがどうしようもなく怖かった。怖すぎて、眠れなかった。ふすまを隔てたその向こうは明るく、そこにはいつもの闊達な母親がいた。だが母親は、その時間になると自分自身のことを始め、それまでとはまったく別人になったかのように、Aさんがそばに寄ってどんなことを言ったりしたりしても決して相手にせず、もはやAさんは存在していないかのように振舞った。母親のこの態度には、ほんのわずかの容赦もなかった。

暗闇に独りぼっちで怯えるAさんは、母親に「大丈夫だよ」と安心させてもらいたかった。母親の彼女に向けた声を聞き、姿を見たかった。しかし、それは絶対に起こりえないことだった。彼女は真っ暗なかで寝たまま声も立てずに泣いて、迫りくる恐怖をじっと我慢するしかなかった。

それは、かわいそうな幼いAさんを感じさせる光景だった。Aさんはそうして生きてきたし、他者にもそのようなかわいそうな自分を見出しながら生きてきたのだと、私は思った。私が感じていたのは、彼女の悲しみだった。そしてそれはもはやAさんのなかにはなく、私のなかにあるのだった。

彼女は『わたしは、我慢しているとは思いません』と答えた。それからおもむろにハンカチを取ろうとして彼女は起き上がり、坐った。涙があふれ、恐怖に怯えた表情だった。

ふたりとも何も語らず、時が過ぎた。

ようやく彼女は『沈黙のときの時計の時を刻む音……そういった音がとても怖い』と言い、『先生が黙っていると、先生はそこにいないと感じます。わたしにとって、先生はいない。……昨日の面接の帰りに、カウチの上で苦しんでいるわたしの苦しさを先生が理解しているなんて考えなかった。わたしは、わたしが我慢しているとは思っていません』と続けた。

私は、まさに「ふすまを隔てた隣の部屋にいるものの、何の反応も関心もAさんに向けない母親」として自分がいまここにいると感じていた。私は彼女の内的世界の冷酷な母親であると知った。その冷酷な母親である私と彼女は「交流をしていないことをめぐる交流」をしているのだと私は知った。それは、彼女が実際の母親とのあいだで出来なかったことである。ゆえに私は、彼女の悲しみは私のこころに置いたまま、彼女のいまの体験に添っていこうと考えた。このことは、「幼子の悲しみに共感する私」という私の「親的な自己」にここでは抑制をかけることを求めていた。それは私に自己愛的な痛みを少し感じさせたが、出来ないとは思わなかった。

すこし間を置いて、私は伝えた――『私は私だけの世界に入っており、あなたはあなたの世界にあなたひとりなので、それは我慢していることではないのですね』。Aさんは肯定した。沈黙がそれに続いた。しばらくして私は続けた――『私は、ここにいます。しかし、私はここにいないのですね、あなたにとって。いない私がここにいるのですね』と伝えた。彼女はうなずきながら、涙をこぼしていた。

臨床素材に基づく討論

ここで提示したセッションにおいて、Aさんにとっての幼児期の母親との体験が私とのあいだで〈転移〉的に実演されていたことは明らかである。それは実際、後日の展開でも証明された。彼女は母親がそこに一緒にいたにもかかわらず、彼女にまったく関わってくれなかったために、彼女が独りで困惑し苦闘して対処しなければならなかった、幼稚園時代のひとつのエピソードを想起したのであった。――そのセッションではAさんはもはや横たわれず、坐り込み、涙で苦痛な恐怖を表していた。しかしそれでも、その振舞いは彼女には何ももたらしていなかった。その排泄は受け取り手のいないものだった。彼女のこころは、もはや恐怖のために、砕けているようだった。だから彼女の悲しみは彼女には気づかれるものではなく、私のこころにしか、置かれないものだった。私はそれを受け取った。そしてそのままにしておくことにした。

Aさんは、私の関心のなさや冷酷さを充分に知っていた。そして彼女自身の独りの怖さも実感していた。しかし、母親の冷酷さは知らなかった。また、私の彼女への関心や共感も知らなかった。私たちは現実にその場面を過ごしていた。現実世界にいた。しかしそれと同時に、その現実世界は彼女のこころの世界そのものだった。ただそれは、彼女は知らないことだった。

私は、Aさんの知らない彼女のこころの世界を知ろうとした。私は見、聞き、感じ、考え、もの想い、そこに排泄された彼女の言葉や情緒、感覚、さらには私自身の考えや想起や空想を漂わせた。そして、かつて彼女が過ごしたであろう母親との世界が私に見えてきた。そこで私は私自身を彼女に入れ、母親に入れ、私自身のもとにも残した。私はみずからの〝こころを砕いた〟。そしてつないだ。それが、私は私でありながら彼女のこころの世界に私が棲んでおくための私の手立てだった。

ようやくにして私は、Aさんの世界に棲む「不在の母親対象」としてみずからが確かに存在していることに気がつくことができた。それは同時に、彼女に意識されるところでは「母親はわたしの世界に棲んでくれなかったし、わたしも母親の世界に棲んではいなかった」ということでもあった。その私たちが、そこにいた。私はまず、彼女に意識されている世界を伝えた。それから、「不在の私が共にいる」という彼女の無意識の世界を伝えた。その知識を彼女は受け取ることができたようだった。彼女は知り始めた。ようやく彼女の〝砕けたこころ〟は、つながる機会を得始めたようだった。

理論的な討論

この章で私が「意識の世界と無意識の世界は並存している」ということを描き出そうとしていることはすでに理解されているにちがいない。表現を改めるなら「抑圧されたものは、すでに回帰している」ということである。すなわち、意識的現実を知覚している私たちを取り囲んでいる、無意識の心的現実は、私たちの外側に在るということである。

ここでは臨床での無意識に触れる方法としての〝こころを砕く〟ということを考えてみたい。

〝こころを砕く〟が日常用語のひとつであることは説明の必要がない。『新明解国語辞典』[6]は「目的を達成するために、ああでもない、こうでもないと心を用いる」と解説している。また『広辞苑』[5]は「種々に思いわずらう」「①気をもむ、胸を痛める、②苦心する、気を配る」と記述する。この慣用句は、私たちの他者への意識的無意識的な思いやりや気わずらいを描いている。そのときの思考や情緒の複合体を象徴している隠喩である。

精神分析セッションにおいて私たちは〈もの想い〉のなかで、時には意識的にそして無意識的に〝こころを砕いている〟のだろうと私は考える。思いわずらい、気をもみ、胸を痛め、気を配る。それが〝こころを砕く〟と象徴的に表現される。

しかし、それだけではない。私たちは具体的に私たちの〝こころを砕く〟のである。アナライザンドのこころは、こころの世界は、すでに砕けている。その砕けたかけらは、私たちの外側に、面接室のなかに漂い、あるいは私たちのこころに憩う。

それらのかけらに触れる必要が、私たちにはある。だから私たちはこころを砕く。こころを砕いて、私たち自身のこころのかけらをアナライザンドのこころの世界に棲むさまざまな対象や自己のなかに入れ込むし、現実の意識的な世界に棲むアナライザンドのなかや自分自身のなかにも置いておく。そうしていながら、そのかけらをつなぎ戻しもしていく。そうすることで、私たちは無意識のこころの世界に棲み、現実の世界に戻るのである。

藤山直樹[2]は精神分析が単に知的な作業ではなく、こころやからだを具体的に使うかかわりであることを、「営み」と表現した。その手立てのひとつとして〝こころを砕く〟ことを私は加えたい。

おわりに

アナライザンドの無意識のこころの世界に棲むことを、私はここで検討している。それは、無意識のうちにその世界に住まわされていることから始まっている。しかし私たちは棲むのである。そのための治療者としての私たちのこころの営みとして、〈もの想い〉のなかで〝こころを砕く〟ということを検討した。

註

「古典論理」と「対称論理」を例示してみる。大小ふたりの人物が寄り添っているある場面があると仮定してみよう。それは、古典論理に従うと、右側にいる母親であるゆき子が、左側の息子の赤ん坊であるよしおに授乳している、と把握される。一方、対称論理においては、右側と左側、母親と赤ん坊、授乳する側と授乳を受ける側という違い〔非対称性〕は失われ、その対称な関係は置き換えられうる。このため、よしおは、右側にもいれば、母親でもあり、授乳する側でもあるし、ゆき子も左側にもいれば、息子でもあり、授乳を受ける側でもあることになる。また、ゆき子という全体対象とその乳房という部分対象も同一になるため、よしおは、乳房を含むとともに、ゆき子を含む。それは、よしおがゆき子に乳房を含ませ、よしお自身を含ませることでもある。

文献

（1）Bion, W. (1962a)「思索についての理論」『メラニー・クライン トゥデイ②』E・B・スピリウス編／松木邦裕監訳〔岩崎学術出版社、一九九三年〕
（2）藤山直樹〔二〇〇三年〕『精神分析という営み――生きた空間をもとめて』〔岩崎学術出版社〕
（3）松木邦裕〔一九九六年〕『対象関係論を学ぶ――クライン派精神分析入門』〔岩崎学術出版社〕
（4）Matte-Blanco, I. (1988)『無意識の思考――心的世界の基底と臨床の空間』岡達治訳〔新曜社、二〇〇四年〕
（5）新村出編〔一九八三年〕『広辞苑』第三版〔岩波書店〕
（6）山田忠雄主幹〔一九九七年〕『新明解国語辞典』第五版〔三省堂〕

初出

「こころを砕くこと――無意識の排出と治療者のもの想い」『意識と無意識――臨床の現場から』氏原寛・成田善弘編〔人文書院、二〇〇六年〕

Interactive Links

♣ *BEFORE this work ...*

松木邦裕「**治療者のアルファ機能と解釈——アルファ機能対象とネガティヴ**」

松木邦裕「**考えられない考え、植えつけられた罪悪感、そして悲しみ**」

『分析臨床での発見』〔岩崎学術出版社、2002年〕

どちらもビオンの「考えることに関する理論」(1962)〔『再考：精神病の精神分析理論』金剛出版、2007年〕からの私なりの展開である。

“対称の論理” については、マテ－ブランコ, I (1988)『無意識の思考』岡達治訳〔新曜社、2004年〕に詳しく著されている。また、独創的なこの論理は、ケースメント，P.『患者から学ぶ』(1985)〔岩崎学術出版社、1991年〕にわかりやすく解説されている。

AFTER this work ... ♣

松木邦裕「悲しみをこころに置いておけないこと——抑うつ状態についての覚書」

『抑うつの精神分析的アプローチ——病理の理解と心理療法による援助の実際』松木邦裕・賀来博光編〔金剛出版、2007年〕

抑うつという、こころにおける「こころの痛み」が無意識に排出されるための病理的力動を描いている。それに対応する精神分析臨床家がこころを砕き、かつ砕かれる様が認められよう。本論文のオリジナルは、実際はこの章の論文よりも先に初ロ演しているが、ここに収められているものは、この章の論文の発表と同じ頃に再度推敲されたものである。

Kunihiro Matsuki; **The Mind that does not sways, or the Mind that sways: Transference/countertransference and Neutrality**

Japanese Contributions to Psychoanalysis. Vol.2. 67-83, 2007

こころを砕くこと、こころを砕かれることにかかわる臨床体験が素材となっている。コンテイナーとしての精神分析臨床家は、アナライザンドに真摯に向かい合い、こころを砕き、かつ砕かれながら、真の理解を進展させようとする。

第二章　パーソナリティ障害と出会うこと――逆転移

いわゆる「障害」について

状態記述による操作的診断基準の作成という精神医学における近年の動向の結果、障害という用語が精神疾患に広く使われるようになった。強迫性障害・不安障害といったようにである。これらの言葉では、その比重は「強迫性」や「不安」と冠されたほうに置かれている。それに比べると、以前から使用されていた《パーソナリティ障害》という用語では、重点は障害のほうに置かれているといってよいだろう。

たとえば、不安障害でひどいパニックに陥っている〝こころの障《さわ》り〟を体験しているのは、当然ながらその当人である。しかしながら《パーソナリティ障害》では、当人の苦痛もさることながら、その害により障られるのは周りの人たちであることが一般的といってよい。害の障《さわ》りははなはだしく放散的である。ここにパーソナリティ障害の本質が含まれていると私は思う。

パーソナリティの障害とは

《パーソナリティ障害》は「病的行動を繰り返してしまうこころの病い」と言い換えられよう。それはまた「こころに留め置けない感情や思考を行動によって積極的に排泄する病い」と表現することもできる。そして結果として、それは周りの人に押しつけられる。

パーソナリティの障害をもつとされる人たちは、みずからの不快な感覚——抑うつ感（罪悪感・悲哀感）や迫害感——をこころのなかに留めてみずからのものとして容れ、触れつづけることができない。それらの感情は、精神病のように崩れかかっている精神から漏れ出てしまうのではなく、その人によってこころから積極的に排泄され、その人のこころとの関係を断ち切られ、こころに戻ることを断固拒絶される。こうしてこれらの苦痛な感情は棲み家を失い、宙に漂い彷徨うことになる。

それでも戻ろうとするその感情を戻し入れないために、その人が、苦痛な感情を味わうことになってしまう対人関係から引きこもってしまうとき、〈非社会性のパーソナリティ障害〉あるいは〈回避性パーソナリティ障害〉〈自己愛パーソナリティ障害〉などと呼ばれるようになる。一方、その人がみずからの耐えられない苦痛な感情を他者に無理やりにでも押し込もうとするなら、〈反社会性パーソナリティ障害〉〈境界パーソナリティ障害〉〈衝動型パーソナリティ障害〉あるいは〈妄想性パーソナリティ障害〉などと呼ばれることになる。

《パーソナリティ障害》における一見正反対のこれらの表現型は、ひとつのコインの裏表であるとともに、交替したり混ざりあったりするものでもある。たとえば病的な嗜癖をもつ人は、この両面をあらわにそなえている。彼らは、シンナーや覚醒剤、アルコールなどによって極度な快感の世界に引きこもることで、苦痛な感情をこころから消してしまおうとする。つまり、みずからのこころを快感で一杯にしてしまい、戻って来ようとする苦痛な感情がこころに入れないようにしてしまうのだが、このみずからを万能化し幼児化する行為は、苦痛な感情を含めたあらゆる不快な感情や活動を、周りの人たちにすべて押しつけることで、他者をひどく傷つける。

別の表現をするなら、《パーソナリティ障害》の人は精神病の人と違い、その能力が妨げられていないにもかかわらず、理解ある思いを分かち合おうとしないで、他者を排泄を向ける部分対象として利用しようとする。こうして他者のパーソナリティを傷害するのである。

フロイトの「思索の発達」についての理論[1]を援用して述べ直してみよう。精神病者は、快感‐苦痛原則に沿う考えである〈思索の一次過程〉に基づいた精神活動に頼ることを余儀なくされているのであるが、《パーソナリティ障害》では万能空想に固執するため、現実原則に沿う考えである〈思索の二次過程〉が可能であるにもかかわらずそれを嫌悪し、あえて〈思索の一次過程〉を活用しようとしているのである。そこには、「こころの成熟を促すもの」「心的現実を認識させるもの」への嫌悪がある。

しかしながら《パーソナリティ障害》の人自身にはそうするだけの正当な理由があることを、私たちは決して忘れてはならない[4]。それはあくまでも主観的な感覚なのであるが、むしろそれゆえに、なにより重要なのである。彼は意識的には、人生におけるまったくの「被害者」なのである。彼こそが、満足のいく充分な愛情を与えられず、満たされぬ想いにひとりぼっちで苦しみつづけてきた、他人は手に入れている人生での大事な暖かい何か、自分も当然もらう権利のある何かをもらえなかった「被害者」なのである。結果、彼はいまでは無意識的には内的「加害者」に同一化して、「みじめな被害者‐自己」を他者に排出しつづけるのである。

このような意味で、《パーソナリティ障害》はきわめて〈感情〉的なパーソナリティなのである。パーソナリティ障害とは「みずからが扱えない〈感情〉による障《さわ》り」なのである。そこで彼らは振舞い、私たちはそれを感じる。このことゆえに、彼らに対応する治療場面での治療者の〈感情〉は、あらゆる意味で大きな役割を担うことになる。

診断における逆転移

精神医学領域での診断は、治療者の主観的感覚を活用することでなされる。つまり、治療者が把握する患者についての客観的事実とともに、主観的感覚を併用することで診断がなされるのである。たとえば統合失調症の実際の診断では、いわゆるシュナイダーの一級症状やＩＣＤあるいはＤＳＭの診断基準という客観的状態像からの情報とともに、「プレコックス感」や「統合失調症くささ」という治療者の経験に基づいたみずからの感覚からの情報で診断が導かれる。日々の臨床の場では後者に頼ることがむしろ多いといってよいほどである。同様に、本章のテーマである《パーソナリティ障害》でも、その診断に際しては、治療者の主観的な感覚がとても大きな比重を占めている。

《パーソナリティ障害》の系列に連なる一群の患者を診たとき、私たちはおおよそ次のように表現できるパーソナリティ病理系列を頭に描いている。①ほぼ健康な人、②神経症状態、③パーソナリティの偏りや歪みが目立つ神経症、④パーソナリティ障害、⑤パーソナリティの破綻＝精神病状態という流れである。この系列は、後《あと》にいくほど「行動面の障害が現実吟味を欠きかつ著しい」という傾向を客観的に表現している、という側面もあるのだが、より実際には、病態の見立てに関して後《あと》のほうの診断を治療者がしたくなるほど、治療者自身の〈感情〉が掻き乱されるコミュニケーションを、治療者がその患者とのあいだで味わっている、ということでもある。

外来診察室で初めて出会ったある患者は、苦悩や不安を抱え、その抱えきれないこころの苦痛に圧倒されている自分を受け容れ支えてくれる対象を切に求めていた。そしてそのことを出会えた治療者に伝えようと彼は努めた。治療者はその苦しみに共感と理解を向け、彼への援助を提案した。それを受けて彼は安心し、さらにその親密さは深まった。こうしてふたりのあいだで治療関係が成立し展開していった。

この形態の相互交流が適切な情緒を含みながら滑らかに展開していくほど、その患者はパーソナリティの健康度が高いと見なされる。というのは、不安や苦悩は分かち合われながらも、相手を尊重した気配りが相互に自発的にほどよくなされることで、相互交流が適度に深まり、苦痛の改善という目標に向けた協力も分かち合われるからである。そしてその達成の満足感を治療者は味わう。すなわち、その対極が《パーソナリティ障害》ということになる。

《パーソナリティ障害》との出会いの面接では、この相互交流の展開が不手際に滞るか、円滑なようでうわ滑りに流れている印象を、治療者はこころに抱く。「なぜか、彼の気持の深みに触れることができない」といった体験をしやすい。彼の痛みに触れようと差し出した私たちの「こころの手」が妙にはぐらかされる、荒い壁に遮られる、あるいは手痛くはじかれてしまう、という感触を私たちはこころのなかで味わうことになる。

つまり治療者は、その患者から表し出されてくるものに、悲しみを含んだ共感的な感情を素朴に味わうよりは、いやな感じ——不快感・戸惑い・怒り・嫌悪感——を味わっているのである。まさにここに《パーソナリティ障害》という診断の手掛かりが確かにある。そしてその私たちのなかに流れる感情の性質と動きこそが、この病いの質と治療の見通しも予測させてくれる。

そもそも逆転移とは

「治療者のなかに湧き上がる感情」という表現で、もはやすでに〈逆転移〉を語ってしまっているのであるが、ここで逆転移という用語を整理しておきたい。[2]

〈逆転移〉は精神分析治療から出てきた臨床概念である。フロイトは逆転移を「治療関係のなかで分析家に生じてくる転移感情」と捉えた。つまり、その場での治療者側の病的な感覚と位置づけたのである。しかしその後の精神分析は逆転移の概念を精製してきた。まず逆転移を臨床的に位置づけた。すなわち逆転移を「治療者の転移」に限定せず、分析治療セッションにおいて湧き起こってくるフィーリング（感じ）と捉えたのである。それは治療者のなかに湧いてくる感情・空想・思考すべてを意味する。

そしてこの〈逆転移〉はおよそ三つの性質に分けられる。①治療者の病的反応――フロイトのいう狭義の逆転移。②治療者のなかに湧く正常な（もしくは健康な）感情反応――親のような気持や、償いの感覚に基づいた共感（診断をめぐる記述で、この感情の特異な変遷を述べた）。③患者から排泄され治療者のこころに投げ込まれた感情や思考そのものを味わっている感じ――投影された患者の感覚の体験である。これらは時に単独で、多くは入り混じって生じてくる。

かつて分析家は、患者を映し出す空白のスクリーンとなるため、〈逆転移〉を鎮圧するよう求められた。しかし今日では、分析家のなかに湧いてきているものを直ちに抑圧するのではなく（もちろん安易に発散するのでもなく）、むしろその感情や思考を自分のなかで充分に吟味して性質を摑み、患者理解に活用することが求められている。すなわち、逆転移を「治療の道具」として使う技術を磨くことが求められているのである。そして、豊富な感情体験をすることになる《パーソナリティ障害》の心理治療には、とても難しいが重要な技術である。

治療における転移／逆転移

《パーソナリティ障害》の心理治療での目標は「喪の悲哀の仕事 *mourning work*」の遂行だと私は考えている。すなわち、傷ついて痛々しい深い悲しみの自己に到達し、その抑うつに触れつづけることであろう。しかしながらそれは、患者自身にも治療者にも、途方もなく難しい。なぜなら、それこそが患者が耐えられない破局的惨状として目をそむけられつづけてきたものであり、「責任は自分ではなく親的他者にある」と責めることで避けられつづけてきたものだからである。だから私たちは治療を始めることで、この関係を否応無く反復させられることになる。これがパーソナリティ障害での〈転移〉の外郭であり、私たちが絡めとられるものなのである。

もし私たちが彼らの〈転移〉に自然に絡めとられることができるのなら、そこにひとつの物語が展開していく可能性が出てくる。[3] それは「理想の治療者に出会った、ものわかりも行儀もよい患者」という短いハネムーンの時期を通り過ぎて現れてくる。

はじめ彼らは私たちを理想化して愛着を向け、私たちも彼らの悲しみを感じる。ところがやがて彼らは、彼らの内的幼児期体験においては正当な、治療の場で彼らに適切に豊かな関心と愛情を向けていない私たちへの憤りを感じ始め、私たちをしてやる画策を講じ始める。私たちは、「不当に扱われている」という「正当な」憎しみの対象となる。私たちは急速に緊張を高める。結局、私たちをしてやった彼らは勝ち誇る。対応する私たちはパラノイックな嫌悪感でもって彼らに接していくことになる。私たちも、彼らに裏切られた憎しみを感じるのである（「憎しみ」はまさに彼らの感情であり〈逆転移〉の第二の性質である）。

この不安定な均衡はやがて破れる。彼らは何らかのかたちで「憎しみ」を爆発させるのである。このときに確かなのは、「彼らが正当であり私たちが間違っている」という憎しみを情緒的に（事実の確かさということではなく）私たちは受け入れなければならないということである。このことは、私たちが私たちのなかで彼らへの愛情も憎しみも見失うことなく、過度に甘やかすこともなければ報復することもない「共感的治療者」でありつづける、という途轍もなく難しい任務を求めてくるのである（このとき治療者が〈転移〉を理解していないなら、治療はここで途絶える。彼らの爆発をコンテインできる環境――対応する人たちの心理を含めた――が提供されていないときも、治療は途絶えることになる）。

この流れを通して私たちが彼らに耳を傾けつづけるなら、彼らは〝傷ついた自己〟を初めて表現するようになってくる。みずからの淋しさや悲しみを言葉にするのである。こうして私たちはついに、彼らの〝こころの痛み〟に触れることができる。

しかしながら彼らは、私たちが彼らのこころに添っていることになかなか気づけない。新たに展開してきた内的状況での抑うつ的なこころの痛みや「どうかなってしまいそうな恐怖」を見ているだけで精一杯なのである。彼らは引きこもるか、さらなる行動で苦痛をこころから排泄してしまおうとする。私たちは見向きもされなくなるか、「肝心なときに役に立たない人物」として、またもや非難されることになる。そしてここでも私たちが彼らに添いつづけるなら、あるいは環境が壊されないなら、彼らは「ものわかりのよい子」に再びなる。希望的には、いくらかの憂いもそこに含みながら。

この物語はそのまま繰り返される。もし幸運なら、この物語は終わりに向かう。しかし不運なら、苦闘にもかかわらず、ほとんど終わりのない物語として続いていく。

私はここまで〈転移〉を軸に置いて描いてきた。それはもちろん、転移を見据えているときにこそ〈逆転移〉が意義をもつからである。それがなく逆転移での苦しみや憎しみに耐えているだけなら、私たちは修行者か心的マゾキストに過ぎない。無意識のうちに私たちはおのれの懲罰願望に基づいた空想を患者とのあいだで〈行動化／再演〉しているのである（逆転移の第一の性質のひとつである）。《パーソナリティ障害》の治療では、治療者のこころが防衛的に凍ってしまうなら、彼らのこころも凍っていく。反面、治療者のこころが溶けているかぎり、彼らのこころも溶けていく。ただ、両者の柔らかなこころには傷が浮かび、そこからは痛々しく――時にははなはだしく――血が流れる。

これからひとつの臨床例を提示してみよう〔匿名性の保持のために幾つかの素材を混ぜて提示している〕。

臨床ビネット

男性Bさんが両親とその知人に付き添われて受診してきた。たくましく色白な彼は、見たところもの静かな「青年」という雰囲気だったが、すでに三十歳に達していた。

診察の始まる雰囲気はひどく重苦しかった。Bさんはうつむき、両親は意を決してはいるようだが落ち着きがなく、高い緊張と疲れの混じった表情で礼儀正しかった。私はまるで裁判所でひとつ高いところから彼らに向かい合っているかのような感覚を抱いた――あたかも厳かに事態に対処できるかのような。

起こっていたのは次のようなことだった。

この青年Bさんは、この十年以上ほとんど家に引きこもった生活をしていた。父親に対しては怯えさえありそうなよそよそしい態度をとっていたが、母親に対しては、甘えるかと思えば威嚇し従わせ、自分の望みや命令に従わないと殴る蹴るの乱暴をはたらいていた。今回も母親が彼の物を勝手に扱ったという些細なことから彼が母親にひどく乱暴したので、手に負えない両親は知人を呼び、以前から考えていた精神科受診を実行に移したのだった。両親だけでは病院にはとても連れて行けなかった。ところが初対面の知人に促されると、彼は驚くほど従順に病院に来たのだった。つまり、もはや自宅に連れて帰れない状況にあることは全員に明らかだった。そこで、それを宣言することが私に求められていた。

じつはBさんはすでに精神科病院での入院治療も一度ならず経験していた。しかしその治療は『おまえなんか、叩き殺してやる』などと猛々しい態度で彼が医者を脅すため、「境界パーソナリティ障害」の診断のもとに、両親が病院から彼を引き取るというかたちで一週間あまりで終わっていた。通院はしなかった。

診察室でBさんはうつむいていた。さほど張り詰めた感じはなかった。私の初めの問いかけにも小声ながらあまり澱むことなく答えた。それは、ひ弱な子どもを前にしている感じさえ私に抱かせた。ただ、両親の醸し出す重苦しい雰囲気とはあまりに対照的すぎた。彼の穏やかさは場に不自然といってよいものだった。

両親の語るBさんの生活史や小学校までの表面的な順応とは別に、対人関係は幼児期からすこぶる不器用なものであることが判明した。父親は確かに厳しかった。病理は青年期にはっきりと表に現れ、自己愛的な万能感を維持するため自宅に引きこもり、思いのままに母親を支配したり、その一方で、日頃の憂さを一挙に晴らすかのような激しい暴行を外で衝動的にはたらいていた。いまではその生活は寄生的といってよかった。出口は本人にも両親にも見えなかった。私は彼の「行き詰まり感」を感じ取れるように思った（親的逆転移）。

そこで私は一歩踏み込んで、Bさんの情緒的な困難さと生活の行き詰まりに話を進めた。彼は『いや……』『べつに……』とサラリと私の問いを横にそらした。その瞳には何も漂っていなかった。彼のこころは痛みも苦しみもなく、からっぽであるかのようだった。私の共感はその手を宙に浮かせているだけだった。それは、無視された腹立ちをもう少しで私に感じさせそうだった。

私は絶望的な状況で息子を抱えている両親を気の毒に思った。傲慢さをチラリと垣間見せるBさんにも、落ちこぼれた本当は気の弱い子どもを感じた。どうすることもできないでいる悲しい人たちがそこにいた。しかしそうは言いながらも、入院治療を始めるなら前の治療で見せた激しい攻撃性が出現してくるであろうが、それに私や病棟スタッフが対応できるかどうかも、私は考えていた。実際にはやっていけないにもかかわらずそのまま抱え込みつづけ、どちらも耐えられないほどに傷ついて、ほとんど衝動的に彼を放り出す、という状況を避けることは考えるべきことだった。

私は自発的な入院として閉鎖病棟に入るかたちでの治療を提案し、まったく従順にBさんはそれを受け入れた。

入院したその日、Bさんは、病棟スタッフにも丁寧な言葉づかいで、穏やかだった。しかしその夜、自他の区別をまったく無くして、彼の物を扱っていた統合失調症の男性を怒鳴りつけた。翌日には電話で大声で母親を怒鳴りつける彼の姿が病棟にあった。

翌々日の私との面接では、Bさんはみずからの葛藤を語ることができた。思春期から父親の過大な期待と支配に強い反撥を感じる一方でプライドに縛られて身動きできない自分を、いくらかしんみりと語った。苦悩している彼がいた。しかし話が進むにつれて、彼の形相はみるみる変わっていった。治療者としての私を褒め讃えたのに続いて、目をらんらんと輝かせ口を大きく開いて声高に、本当は自分がいかに有能で輝く未来があるか、周りの雑魚どもとはまるで違う鴻鵠《こうこく》であるかを滔々と語っていくのだった。

それは聞いている者を辟易とさせる尊大さだった。私は醜いものを目の当たりにしている強烈な嫌悪を感じた——「それなら勝手にやって野垂れ死にしてしまえ」とでも言語化できそうな感情である。しかし彼の話に呑み込まれないで聴いていると、そこには哀れさもあった。そこには、怖くて社会を避け、安心できる場所でだけ自己を肥大させている彼がいるのである。ただ、この後者の感情——哀れさ——は、ややもすると見えなくなりそうだった。なぜなら、やがて明らかになってきたのだが、その哀れな悲しみこそが、彼がみずからのこころに置いておけない「みじめ過ぎる感情」であり、私を巻き込んだ万能的自己愛世界のどこにも置かないように排出していたものだからであった。ゆえに私は、彼の悲しみを捜す必要があった。

入院後一週間ほどで、Bさんは他患者たちとのトラブル——弱い患者を力であからさまに脅し、乱暴な患者には殺されるかのようにひどく怯えた——を契機として、「自分を理解せずに不当に扱う」と、ある男性看護スタッフに憎しみを向け始め、それは次第に多くのスタッフに向けられていった。「よくわかってくれる」理想的にやさしいスタッフと「ぶっ殺してやりたい」悪いスタッフを分け、陰に陽にそれをあらわにした。病棟全体そして病棟スタッフが否応無しに、彼の持ち込んだ感覚にどんどん巻き込まれていった。

予想されたことではあったが、病棟全体にこうした強烈な緊張を掻き立てたBさんに、私は怒りを感じた。あまりに自己愛的な振舞いへの怒りである。だがそれが「無力な自己の抑うつの感情」の防衛であることも私にはわかっていた。

ゆえに私はみずからの怒りを、Bさんを世話している病棟スタッフが抱えている怒りの感情と重ね、病棟カンファレンスでは、スタッフの怒りを言語化させ肯定するとともに、彼のこころの奥の「抑うつ感」「無力感」についての理解をスタッフに伝えた。さらに彼との面接では、彼が他者に問題を転嫁して自己愛的万能感に浸ることで自分の憂鬱な現実から目をそらしていることを伝えていった。それは彼に、悲しい現実への視線と、いくらかの抑うつ感をもたらした。しかし無論、彼はそれに耐えられず、やがて彼の正しさを理解していない私に対して、怒りがはっきりと向けられるようになった。

それはある日、些細な出来事をきっかけとしてひとつの頂点に達した。すっかり興奮したBさんは、机をバンバン両手で叩きながら大声で私への不満を訴え、あからさまに罵り威嚇し、にらみながら顔を近づけ、頭を私にこすりつけた。ほとんど爆発したも同然の状況になった。人によっては恐怖のあまりに誰かを呼びたくなっただろう。私にもそうした怖さがあった。腕力ではとてもかなわないことは明らかだったし、かつて彼の語った「殴りつけてボタボタにした」犠牲者に私がなることも連想した。けれども私は、私とのこの切迫した状況にこそ〈転移〉的で治療的な意義があることもわかっていた。

すなわち、Bさんの内的世界の「力で支配し支配される関係」がいま私とのあいだに生《なま》に実演されているが、私が助けを外に求めることは、その「力による関係」を肯定し反復強迫するに過ぎないし、力ではない「理解に基づいた関係」こそがここに必要とされていると感じていた。さらに、これまでのやりとりから、「自己愛的な怒り」に身を任せている彼のなかに「現実に目を向け自分を憂いている自己」がいることもわかっていたので、私は彼のその部分に話しかけつづけた。

なおもBさんは荒れ狂った。私も気が高ぶっていた。〈転移〉に絡めとられていた。しかしそうではありながらも転移状況を見据えて、辛抱強く対応した。彼の悲しみやみじめさへの理解を伝えた。私は彼の「抑うつ」に触れておくよう努めつづけた。

やがてBさんはいくらか穏やかさを取り戻し、私と挨拶を交わして面接室を出た。残された私はぐったりとした疲れを感じた。やるせなさを含んだ気の高ぶりも残っていた。私はしばらく椅子にもたれて、こころを緩《ゆる》めたままにした。

このやりとりをきっかけに、Bさんは自分の現実と抑うつにこれまでになく触れるようになった。自分のいまの生き方はまったく行き詰まっていること、自分は絶望的に何もしていないことを見た。それは「ひどい惨めさ」として彼に体験された。寝込んでしまい、『死んでしまいたい』と彼は絶望した。その抑うつはまるで底無し沼のように彼を引っ張り込んでいる、と彼には感じられた。

Bさんは耐えられなかった。ゆえに必死で、彼はある女性に目を向け、恋をすることで抑うつから飛び出た。こうして彼はまたもや「自己愛」世界を構築し、現実的な「抑うつ」は放り出された。このありさまを見ている私のなかに「抑うつ」は棲み込んだ。私は絶望した。

ここでは、あるタイプの――「厚皮の自己愛パーソナリティ」といえそうな――《パーソナリティ障害》の治療において反復される〝物語〟のほんの一部分を提示したに過ぎない。ただし、そこでの〈逆転移〉の臨床を描き出すよう努めた。

おわりに

〈逆転移〉は取り扱いがとても難しい感覚である。逆転移の噴出はたやすく治療を歪めてしまう。しかしそれが、他には替え難い、治療に有用な道具となることも確かである。そして《パーソナリティ障害》の治療においては、逆転移のこの両面がさらに極大化する。それゆえに間違いなく、私には逆転移を取り扱えないときがある。その結果、私は治療に失敗する。しかし、日々の臨床でのこれらの逆転移体験を味わいつづけることこそが、それらの感覚を臨床場面で活用できるときを増やしてくれると思う。私はそう考えて日々の臨床活動を営んでいる。

文献

（1）Freud, S.（1911）「精神現象の二原則に関する定式」『フロイト著作集 6』〔人文書院、一九七〇年〕
（2）松木邦裕〔一九九七年〕「すべてが転移／逆転移……ではないとしても」『転移／逆転移——臨床の現場から』氏原寛・成田善弘編〔人文書院〕
（3）松木邦裕〔一九九五年〕「臨床報告：転移にからめとられること」『ウィニコットの遊びとその概念』牛島定信・北山修編〔岩崎学術出版社〕
（4）Winnicott, D.W.（1984）: *Deprivation and delinquency*. Tavistock Publications, London.

初出

「人格障害とのかかわりでの逆転移——逆転移での共感、憎しみ、そして悲しみ」『現代のエスプリ別冊 人格障害』成田善弘編〔至文堂、一九九七年〕

Interactive Links

a．パーソナリティ障害

AFTER this work ... ♣

松木邦裕「パーソナリティ障害のメタサイコロジィ」

『パーソナリティ障害の精神分析的アプローチ——病理の理解と分析的対応の実際』
松木邦裕・福井敏編〔金剛出版、2009年〕

パーソナリティ障害のこころの本質を、精神分析的メタサイコロジィから簡潔に述べている。その中核不安の本質が、精神病とは異なるも神経症と同じでありながら、その不安の心的操作が違うところを示した。なお、この編著書には、パーソナリティ障害への精神分析的心理療法の実際が多く記述されている。

松木邦裕「パーソナリティとパーソナリティ障害——ウィニコットとビオン」

『精神分析＆人間存在分析』Vol.16, 11-31, 2008

パーソナリティという概念ならびにその障害について、ふたりの卓越した精神分析家の見解を総説している。パーソナリティとは何かを考える貴重な鍵が見つかるだろう。

b．逆転移

♣ BEFORE this work ...

ハイマン，P (1950)「逆転移について」

『対象関係論の基礎』松木邦裕編・監訳／原田剛志訳〔新曜社、2003年〕

今日の「逆転移」概念を理解するには、この論文から始めるしかない。ここにビオンのコンテイナー／コンテインドという概念を持ち込むと、さらに理解が進展する。コンテイナー／コンテインドについては、拙著『精神分析体験：ビオンの宇宙』第一章を参照。この翻訳書『対象関係論の基礎』には、ほかにも逆転移にかかわるグリンバーグ,L.の著名な論文「投影－逆－同一化」(1962) も収められている。

松木邦裕「逆転移」「逆転移、再考」

『分析空間での出会い』〔人文書院、1998年〕

私の最初の論文集『分析空間の出会い』に収められているどちらの論文も、クライエントからのコミュニケーションと精神分析臨床家の個人病理とのアマルガムとしての「逆転移」を描いている。そして困難な過程であるが、その識別を検討している。

AFTER this work ... ♣

鈴木智美「ある精神病者との精神分析的心理療法」

『精神病の精神分析的アプローチ──その実際と今日的意義』松木邦裕・東中園聡編〔金剛出版、2008年〕

精神病患者のこころの過剰な「投影同一化／排出」に対応する、コンテインドとしての「逆転移」の発生と、そのダイナミクスについての今日的な理解を、大変に困難な臨床場面を提示して論述している。

鈴木智美「ねじれた愛情希求──万能的な充足願望と満たされなさへの不耐性」

岩倉拓「パーソナリティ障害における逆転移──"共狂い"から理解を産み出すこと」

『パーソナリティ障害の精神分析的アプローチ──病理の理解と分析的対応の実際』松木邦裕・福井敏編〔金剛出版、2009年〕

生命を脅かす激しい行動化を繰り返す「重篤なパーソナリティ障害」の治療において、その病理に曝されるなかでの不可避な「逆転移」の賦活にもちこたえることと、その理解が、行き詰まった分析過程の進展をもたらすとの事実がいきいきと描かれている。

第三章　中　立　性――あるいは嵐のなかの小船のように

望ましいモデル

いうまでもなく《中立性》は精神分析に臨む治療者の心的姿勢のひとつである。小此木[2]は中立性について「分析家は社会的、道徳的、宗教的価値に関して中立でなくてはならない。つまり、特定の理想に従って治療を進めてはならないし、どんな忠告も控えねばならない。また、いかなる患者の転移に対しても中立でなくてはならない。理論的偏見によって特定の心の部分や特定の意味に執着してはならない」と示している。《中立性》は、治療者の基本的な在り方として挙げられる「受身性」「分別」「隠れ身」「禁欲規則」とともに、そのなかに分析関係のふたりの交流をコンテインする治療構造を治療者自身がかたちづくる、精神分析に不可欠な態度と認められてきた。しかしながら米国精神分析の変容は、間主観的相互交流が精神分析の本質であり、中立性の概念はそれを妨げてしまうものとして、批判の対象に位置づけた。このことが、中立性を見直す気運を精神分析臨床世界にもたらした。本章は私なりのその試みである。

かつて私は《中立性》について次のように著した。[1]

中立性は、分析空間での情緒の嵐の中で――その情緒が表立ったものだろうと、ほとんど気がつかれないものだろうと――その風雨にもてあそばれる小さなヨットの帆のようである。帆は風を含み煽られながらも、常にバランスを取るように保たれねばならない。だが、烈風に煽られるとヨットは転覆してしまう。しかし、帆もヨットも起き上がることができるし、帆が倒れてしまったわけを充分に知ることは、それからの航海に役立つ。ともかくも私たちは帆を起こさねばならない。

一方、もし風がないか、私たちが帆の膨らみにこまやかな注意を払わず、ひそかに風が吹いていることに私たちが気づかないなら、帆は傾かないし、ヨットはバランスを保っており、転覆する心配ももちろんない。私たちはまったく平穏無事である。しかしヨットはまったく止まってしまうか、潮に流されていくだけで、私たちはまずもって目的地にたどり着けないのである。

こう述べたところで私は、治療者の《中立性》という考えは、分析的治療者の在り方についての理論的理想であって、臨床実践においては分析的相互コミュニケーションを維持しょうとしていく治療者の態度そのものであり、コミュニケーションを正確かつ精密に理解していくための指標をもたらしてくれる治療者の在り方についてのモデルであることを述べた。

これは表現を変えれば、《中立性》を「……とありたい」との望ましいものとは見ても、「……とあらねばならない」という治療者にとっての頑なで厳格な規律とは見ない、ということを述べている。このような考えのおおよそは今日も私のなかでは変わらないが、「なぜ中立性なのか」――さらにいえば「なぜ禁欲なのか」――をここで検討しなおすことは、私の述べた中立性をもっと説明してくれるにちがいない。

何のための中立性なのか

ストレイチー[3]による精神分析の治療作用についての論文に次の文章がある――「逆説的な事実なのだが、患者の自我が現実と空想との間を確実に区別できるようにする最善の方法は、できるかぎり患者に現実を与えずにおくことである。だが、これは本当なのである」（傍点は筆者）。

私はまず、ストレイチーが「これは本当なのである」と念を押しているところに注目したい。彼は、変容を引き起こす解釈 *mutative interpretation* の第二相――みずからが衝動を向けている対象が蒼古的な空想対象であって現実の対象（すなわち治療者）ではない、と患者が空想に気がつくことで現実が浮かび上がってくる解釈過程――でのこととして述べているが、この見解は、「本当なのである」と念を押さねばならないほどに、精神分析の治療者にとってさえも理解が困難なことなのである。しかしながら、〈転移〉という視点から見てみることでストレイチーのこの見解が正しく理解されることは、格別に重要なことであると私は考える。ここで追加しておくが、彼の文章中の「現実」とは、外界の現実だけではない。治療者自身の現実でもある。すなわち、治療者自身の価値観・道徳観・宗教観・判断基準・欲望・好嫌の感情のはっきりとした表出などに現れる治療者の現実であり、ゆえに《中立性》の考えに密接にかかわるものである。

さて〈転移〉とは、クライエントがクライエント自身の内的世界や対象関係（主観的な意識的無意識的空想）を治療者とのあいだ（分析空間のなか）に投影することである。分析治療の展開で唯一無二に大切なことは、この転移ができるかぎり純粋なものとしてそこに成り立つことである。なぜなら、転移空想が純粋に体験されるほど、本当の現実との違いが鮮明かつ確実に浮かび上がり、変容を引き起こす解釈の第二相における洞察――精神分析での変化の本質――が達成されるからである。

それゆえに、クライエントによって〈転移〉が持ち込まれる分析空間は、不要なものが突出しない、いわば無色な空間にできるかぎり保たれておくことが望ましい。治療者によってここに現実が無造作に入ることは、転移を汚す――つまり転移空想の発展を妨げるか、その現実がただちに転移に染められてしまい、空想と現実の区別をつかなくしてしまう――のである。つまり治療者には、みずからの現実を差し出さず、転移を見定めつつ転移空想に染められていることが求められる。このことを最大限、可能にしようとする治療者の在り方が《中立性》と呼ばれている。

また、現実の提示の難しさは次の点にもある。それは〈逆転移〉の問題である。実際のところ、治療者が自分自身の現実を充分に客観的に把握しているとは限らない。むしろ逆転移は無意識にある。ゆえに、そうしたみずからの表出の影響を気づけなかったり、正確に認識していないために、現実の提示は治療者にとって予想を超えた大きな波紋となってしまい〈転移〉を歪めてしまうのである。不幸なことに、その波紋の起源がみずからにあることに治療者自身が気づきもしない、ということがそれに加わる。この点を治療者は充分に認識して、みずからを不断に制御しておかねばならない。その枠組みが《中立性》である。

誰のための中立性なのか

そもそも精神分析の要は、理想的には、治療者とクライエントの〝相互中立〟であり〝相互禁欲〟であると私は考えている。なぜなら、精神分析は「知ること」(患者の自己‐理解)を深めることを目指しているからである。クライエントがよどみなく自由な連想を進めていき、みずからの無意識部分を意識化し知っていくことのみを続けている(感情や振舞い、願望・空想を言語性思考に織り込んでいく作業に打ち込んでいる)のなら、クライエント自身、中立で禁欲的である。そして治療者も中立で禁欲的であろう。そこに共にいる治療者は、提示される連想に「記憶なく、欲望なく、理解なく」触れつづけているはずだからである。

だが、これはまったくの理想なのである。実際、ふたりが出会った以上、情緒の撹乱が必ず生じる。その現象を分析的に概念化したのが〈転移〉であり〈逆転移〉である。しかし、それでも私たちは精神分析を続け、進めなければならない。分析空間の私たちふたりは、揺れつづけながら精神分析作業を続ける。そのために、中立であろうとし、禁欲的であろうとしつづける。

臨床素材

ここにひとつの臨床場面を提示して、述べてきたことを描写してみたい。

重篤な抑うつを呈した三十代女性Cさんとの精神分析セッションの一部である。彼女は三年間の治療で厳酷な超自我対象の変容を確実に為し遂げ、臨床上は著明な回復を見せていた。

その週の第四日目のセッションにCさんは、前日に見せた快活さとはうって変わった様子でやって来た。重く硬い表情で、うつむきかげんだった。ちょっと微笑みを浮かべて挨拶の言葉を交わし、いつものように彼女はカウチに身を横たえたが、何も話し始めなかった。私はこころのなかで「なにかあったのかな……いままでのような母親とのトラブルが……」など思い浮かべながら、かすかな不安を内に感じつつ〝もの想い〟を続けた。さらにしばらく沈黙が続いた。そしてようやく、重くつらそうに彼女は口を開いた。出てきたのは次の発言だった――『みんな、知っているんですね、わたしのことを』『ここでのことをみんな、知っているんですね。それを知らなかったわたしが、うかつだったんです』。こうして語られた内容とともに、ただちに鋭く緊張した空気が部屋に充ちた。

私は、Cさんがこれまで語ったことがない、まったく予想もしなかったこの発言に、思わず動揺した。めまぐるしい連想が、私のなかを縦横に走り始めた――「驚いた。何のことだ、いったいこれは」「何が起こったんだ。わからない」。私のなかの連想は続いた――「ええっ。これはPsychotic Breakdownか。……そんなはずはないが、しかし……」。私はまさにいま、妄想性思考の発生に行き当たっていた。それは急性の精神病の発来を想起させた。だが、私のこれまでの彼女との分析経過は、それはまずもって否定しうるものと感じさせた。それなのに「ここに起こっている事実は何なのだ」と私は再び思わずにはおれなかった。

彼女は黙ったままだった。私はさらに連想していた。そして、激しく動揺した――「そういえば、二週間前に○○市で講演したとき、私は講演の最後に彼女の分析からある部分を引用したが、それを聞いていた誰かが彼女にそのことを話したのではないか。彼女に関わるその内容が彼女に伝わっているのではないか。私が、彼女との治療のプライバシーを外部の人たちに話したと憤っているのではないか。その私への強い不信を表明しているのではないか。なんと恐るべきことが起こっていることではないか。そうだとしたら、私はこれからここで、どのように対応したらよいのだろうか。守秘をおかしたことになる。私は今からその事実を彼女に確認して、すぐに謝罪すべきだろう。……講演のことを聞いたのかどうか、彼女に尋ねて確かめようか。どうしよう。……しかし、あの講演では、私は偽装を確実に施して、症例が彼女とはまったくわからないように話したはずだ。それに専門職者の集まりであったのだから、あの場にいた聴衆にも守秘義務がある……しかし、彼女の所属する組織△△は結束が堅いから、そこにいた誰かが彼女に伝えることはありうる。やっぱり、私の講演のことを聞いたか、聞いてみよう。……あぁ、いまの私はカタストロフィックに怯えている。ひどい迫害と罪意識を感じている。……この場に居れない気持になっている。……すさまじい不安と怯えだ。……私は怯えている。……待て…………待て。でも、まだ何が起こっているのか、わからないのが実情だ。もう少し、知ることだ。それが、第一だ」。

私は彼女の異変に反応した逆転移性の不安に圧倒され、それは私が空想してしまう事態を現実と感じさせ、その怯えで押し潰されそうにあった。そのため、その不安を消したい欲望が私をまさに動かそうとして、私は能動的に、みずからが一方的に思い描いた事態の解明に乗り出そうとした。私がおこなおうとしていたことは、私の欲望からの転移への《中立》の放棄、踏み込みであり、（「講演をした」という外界現実と「不安に圧倒されている」という内的現実という両者の）現実の提示であった。私はもちこたえられなくなっていた。しかし、寸でのところで踏み留まった。

ひと呼吸を置いて、私はゆっくり問いかけた――〈あなたは、どんなことを言われているのでしょう〉。彼女はちょっとためらったあと、答えた――『わたしが知らなかったのが、いけなかったんです。みんなは知っているのに』。聴きながら私は連想した――「みんな……みんなとは、誰までなのだ……これまでよくあったように、彼女が彼女自身を責める発言をしてきた」。このやりとりでは私は好奇心を保持できた。

彼女は少し間を置いて続けた――『もう言わないでいようと思って今日は来たんです。でもやっぱり何でも正直に話そうと思って……。みんながわたしのことを知ってるんですね』。彼女は重い不安を表しながらも、話すことができた。私も少し間を置いて問いかけた――〈みんながあなたのことを知っている、と言われていますね……〉。彼女は上目遣いのような表情で私に尋ねてきた――『みんなが聞くんですか』。

それを聴きつつ私は連想した――「彼女は聞くと現在形で語った。聞いたという過去形ではない。これは講演のことではない。……ひとつ整理できた。そこは安心……。さきほどの私は、わからないことに耐えられぬがゆえの迫害感や罪悪感に染まっていたのだ。しかし、それではいったい何が言われているのか。……それを知るのが、いま必要なことだ。もう少し探求してみよう」。私のなかに、転覆寸前からの立ち直りの感覚があり、こころに、けっして広いものではないがいくらかの、考えるための空間が回復してきていた。

私は尋ねた――〈聞く、と言われますと……〉。彼女は語ることに、はっきりした躊躇《ためら》いを見せた。しかし、しばしの沈黙のあと、意を決した様子で口を開く――『昨日、録音機が、そこの絨毯の上に置いてあるのが、見えたんです。「あぁ、私の話は録音されていて、みんなが聞いているのか」と思ったんです』。

私は思った――「そういうことだったのか。この分析室のフロアに、録音機が見えたのだ。何が録音機に見えたのだろう。……録音機が見えたのは、彼女の内的体験だ（註――当然ながら、私が録音機を面接室のいかなる場所にも置くことはない）。……彼女の内的不安が幻覚（あるいは錯覚）と呼べるものを引き起こした。……おそらく、昨日のセッションの終わる寸前に、ほんの短い時間だったが、もらすように、彼女は異性愛の感情を語った。その自分の感情に、彼女は耐えられなかったのではないだろうか。思い起こすと、昨日の分析が終わって退出するときの彼女の表情は硬かった。いつもある笑顔がなかった」。

私は、いま起こっている事態をいくぶん理解できた感じを抱くことができた――「録音機が置かれているという、確かに幻覚のような体験を彼女が語っているが、そういえば、少し前に外での出来事として、類似した幻覚様の体験を彼女が語ったことがあったが、あれは彼女にとっても錯覚に収まりえた体験だった。それでは、いま起こっている体験を彼女とともに見ていってみよう」。

私の〝もの想うこころ〟は、なんとか復活したようだった。そこで私は彼女に、ゆっくりと尋ねた――〈いま、ここにも、録音機が置いてありますか〉。彼女は怯えた小さな声で応えた――『ええ』。

私たちは、茨の道をさらに歩み始めた。足どりを確かめながら。

おわりに

人は相手のことを、自分の願うとおりの姿の「その人」でいてほしいと思うものである。その気持において、気づかないうちに相手を部分対象にしてしまう。その部分対象関係では、願望や欲動は充足されるが、事実は見えなくなってしまう。事実は、切り捨てられた部分に付着している。だから、その切り捨てられた部分を保持しておく工夫が私たちに求められるのである。すなわち私たちは、全体対象――ひとりのまとまった人間 *a whole person* ――でありつづけようとする。私たちは事実は確実に保持していながら、それが現実であることをクライエントが見出せるよう態勢を整えて彼らのそばに居つづける。その工夫のひとつが《中立性》である。

中立性とは、分析空間において治療者が治療者としてひとりのまとまった人物であることを保っていようとしている――ただし決して頑なでない――その在り方についてのひとつの表現なのである。

文献

(1) 松木邦裕〔一九九〇年〕「中立性について」『精神分析研究』34-3――『分析空間での出会い――逆転移から転移へ』〔人文書院、一九九八年〕にも収録

(2) 小此木啓吾〔二〇〇二年〕「中立性」『精神分析事典』小此木啓吾編〔岩崎学術出版社〕

(3) Strachey, J. (1934)「精神分析の治療作用の本質」『対象関係論の基礎――クライニアン・クラシックス』松木邦裕監訳〔新曜社、二〇〇三年〕

Interactive Links

♣ *BEFORE this work ...*

松木邦裕「中立性について」

『分析空間での出会い』〔人文書院、1998年〕

中立性について、それが超自我的な禁止規定という不変な硬直物ではなく、分析対象との相互交流性のコミュニケーションを理解していくための「浮動する指標」としての機能であることを述べている。本章はこの論文の発展である。

AFTER this work ... ♣

松木邦裕『精神分析臨床家の流儀』〔金剛出版、2010年〕

精神分析臨床における「現実との関係」での無意識の空想を理解するときに、機能する技法としての「中立性」が語られている。精神分析の本質にかかわる問題を理解するには、「中立性」という精神分析臨床家の機能が不可欠であることを述べている。

第四章　ひとつの終わり——終結をめぐる論考

必ず起こること

この章では、重症の強迫状態にあった臨床例の治療経過を提示し、とくに治療の終結に焦点をあてて考察を加える。精神分析療法における《治療終結》に関する討議には、フロイトによる著名な論述[1]があり、その後もクラインの言及[4]など先行討議には事欠かない。しかしながら精神分析的治療においては、終結は、治療の開始同様、そのふたりの関係での決定的な出来事であり、なんらかのかたちで必ず起こることである。ゆえに終結は、すぐれて転移的かつ逆転移的な体験になるとともに、きわめて現実的で個人的な体験でもある。その終結を分析空間のなかのふたりがどう体験していくのかを検討してみたい。

臨床素材

生活史と病歴

精神科病院の私を受診してきたDさんは、当時三十代後半、家庭をもつ男性だった。強迫症状の精神分析治療を求め、紹介されて来院した。だが彼の態度には、窮状を整然と述べながらも、私の力量への疑念と、威圧してくるものが感じられた。Dさんはこれまで治療こそ受けていなかったが、強迫症状そのものは大学在学中に表在化し、すでに二十年あまり続いていた。この間に彼は結婚し、父親の死後、家業を担った。

Dさんの症状とは、強迫観念に基づく疾病恐怖・不潔恐怖・侵入恐怖と激しい洗滌強迫、著しい行動制止であった。これを彼の言葉を使ってまとめて述べると、以下のとおりである――外で出会う忌み嫌うものが〝仮想の敵〟化し、彼に貼り付いてしまう。そのため、それを「母のやり方」（母親にも疾病恐怖と洗滌強迫があった）つまり洗滌で徹底して洗い清めないでおれない。それをしないでいると「自分が潰れてしまう」という破局的恐怖に圧倒されてしまう。

このためDさんにとっては、外出はきわめて困難であり、また、他者の訪問や電話は圧倒的な脅威である。洗滌は激しく、清い考えのあいだに洗滌を完壁に成し遂げるため、やり直しの洗滌を繰り返し、夜に始めた洗滌行為が続いて風呂場で朝を迎えたり、疲労のあまりこの作業の途中に意識を失うこともあるほどだった。じつは彼の母親と妹にも強迫症状があった。母親は疾病や不潔の恐怖と洗滌強迫をもち、彼の症状とよく似ているように思われた。

初診後、Dさんの求めに応じて、私たちは精神分析的治療を始めることにした。週に一日、五〇分間のカウチを使う構造の分析セッションをもった。

治療経過

Dさんは、丁寧だが相手に威圧を感じさせる話し方や態度をとった。彼は精神分析の書物も読んでおり、治療はその意味で順調に始まった。連想はまず、強迫が始まるきっかけとなった大学時代の想起から始まった。彼が初めて得た親友の突然の事故死と、その悔いと悲しみの最中に「裏切られた」と感じた別の友人に強い憎悪を抱いたのだが、ここで強迫観念が発生し、対処できず下宿の一室にひきこもり、まったく動けなくなった。

やがてさらに、そのときの苦しい感情の起源の体験へと進んだ。それは幼児期の「押入れ」体験だった。Dさんは幼稚園に通い始めた頃、園が嫌いで登園を渋った。母親は力づくでDさんを押入れに引きずり入れ、彼はそこに閉じ込められた。しかし母親はそれを絶対に許さなかった。母親の真っ暗闇のなかでの破局的な恐怖に押し潰されて、Dさんは泣いて母親に従うことを誓い、許しを請うことでようやく出してもらったのだった。この体験こそが、彼が現在も突然出くわす加害的な〝仮想の敵〟とのあいだで繰り返していることであって、圧倒してくる恐怖に耐えられず、母親に従う——「母のやり方」（強迫洗滌）をする——ことであり、あまりに破局的な無力感の体験であることに、Dさんははっきりと気がついた。

この強烈で破局的な恐怖と無力感は、小学生のとき長い土管のなかで前後に友だちが詰まってまったく身動きがとれなくなってしまったときに鮮明に再体験されたことも想起された。それに、「暗い宇宙にひとつ浮かぶ地球」という〝押入れ〟体験の自己を眺めているような荒涼とした空想もこの頃のものだった。さらに次のことも聞いたこと——そしてDさん自身にとってもあった感じのこと——として想起された。それは母親の不潔恐怖がもたらした状況だったのであろうが、赤ん坊のDさんがよちよち歩きを始めた頃、そのDさんを居間の柱に短い紐でつないでその動きを制限し、その目前にちゃぶ台を置いて母親を含めた家族が食事をとっていたという、Dさんの欲求不満と無力さが想像されてあまりある場面だった。

私たちは確実に、幼児期の外傷体験とその後の展開の再構成を為し遂げていた。しかしながら、Dさんの強迫症状は次第に憎悪していった。治療に通うことを含めて、外出はますます困難になり、家の中でも〝仮想の敵〟が襲って来るようになった。面接の欠席が目立ち始めた。彼は〝仮想の敵〟に出会ったときに湧き上がり強まっていく、自分のなかの強烈な無力感に耐えられなかった。この無力感を放置するなら、それは想像を超えた感覚となり、その結果もはや二度と立ち上がれない究極の破局に至る、と彼は恐れおののき、どこかで「母のやり方」をして収めないわけにはいかないのだった。

ここで状況は行き詰まってしまっていた。Dさんは、〝仮想の敵〟とのあいだでの無力感に、まったく立ち向かえなかった。この「破局の恐怖」というこころの事実を彼は恐れていた。彼は知的にそれを乗り越えようとしたが、難しさはどんどん積み重なっていくようだった。

治療の三年目頃には、Dさんはようやく私への信頼を語るようになり、治療関係は表面ではうまくいっていた。しかし、私もこころのどこかで彼の爆発による治療の破局を恐れていた。私は、私に対するDさんの失望や怒りなどの陰性感情を解釈しながらも、彼の威圧から真には解放されていなかった。彼と同様に、面接室あるいは治療という〝押入れ〟のなかで身動きができなくなっていたのである。

徐々に進展してきていた「行き詰まり」は、治療の六年目には明瞭に困難なものになった。それまでもときどき発生していた、強迫症状を理由にした治療のキャンセルが、断続的に一ヵ月以上も続いた。そして八年目には、月に一回程度の通院しかできなくなった。外出の困難さがDさんを圧倒していた。薬物も導入したが大勢は変わらなかった。

保険証の提示をめぐる事務員とのやりとりでDさんが怒りを爆発させた九年目の出来事は、私たちの関係をいくらか変えた。このことを通して私たちはそれまでより情緒的に触れ合った。

すなわち、彼は、自分が私に激しい攻撃を向けるかもしれないことを意識化し、私にもちこたえてもらいたいし、そこには同時に、私への親愛もあることを私にわかっていてもらいたいと語った。これに連動して私も、私自身の〈逆転移〉を見ていった。私は彼への怯えに明確に気がつくとともに、それがまさに彼自身がもつ怯えであることを感じた。私はようやく、私のなかの「恐れ」という拘束から自由を感じられるようになった。

このあとしばらく、彼は毎週通ってくるようになった。彼の恐怖は和らいできており、「母のやり方」をせずに〝仮想の敵〟に対処でき始めていることを述べた。実際、数時間を要していた入浴も一時間を切っていると述べた。彼は新しい仕事を始めようと考えだした。しかし一方、外出の困難さは続いており、さらに近所の問題、家族の問題なども、彼が対処する困難として現れ、Dさんは被害感を高めた。結果、キャンセルが増えていった。

面接では私は、ふたりのあいだの陰性感情も、より自由にとりあげられるようになったのだが、彼は休むようになり、ふたりの触れ合いは続かないままだった。

終結に至る経過

十年目の春より、面接は、私が始めたプライベート・オフィスに場所を移して続けられることになった。Dさんは私の新しい在り方に理解を示したが、新たに通うこの場所までは〝仮想の敵〟があまりに多いとこぼし、実際、最初の一ヵ月たらずの通所のうちにキャンセルを繰り返し、七ヵ月の間を置いて一度来所したあと、再び来なくなった。そしてその八ヵ月後、「治療をどうするか」を話し合う場を私たちはもつことができた。そこでは、彼が面接料金についての不安をもち越していたことが明らかとなった。もちろんそれは私への陰性感情——とりわけ疑念——を含んでいた。このため、私がそれをとりあげ料金への不安を収めたところで、彼は面接の再開に強い意欲を示した。

こうして再開されたが、Dさんは私に受け入れられているとの安心を語る一方で、彼も家庭もひどい状況にあるが、それでも彼は懸命に分析にやって来ていることを力説し、家族のために早く治療を終えて仕事に専念したいと語った。彼の努力と正当性を私が認めるという保証を強く求め、強迫観念の知的な解消を私とのあいだで図ろうとしつづけた。私はそこでは、彼が彼自身の情緒——とりわけ無力感や勝利感——に深く触れるのを避けていると感じ、それをとりあげたのだが、彼が休んでしまうことで、触れ合いの深まりは生じないままに過ぎた。

私には見通しはなかった。治療は、それとして設定されていることに意義がある、そこから動けない治療に感じられた。Dさんによる自在なキャンセルや内容の操作によって、治療はどこへも向かわず、何もなさず、まさに彼が小児期に思い浮かべて恐怖におののいた「何の支えもなく、ただ暗い宇宙に浮いている地球」のようだった。私は抑えられている感じを抱くとともに、「私も治療そのものも無力だ」との思いを抱いた。この治療は、大変に苦難の状況にあるDさんが家族のために懸命に治療に打ち込んでいる場としての意義はあっても、それは実質的には何も産み出さない不毛な場に過ぎなくなっている、と私は感じた。

まるで、「正当性を強く押し出しみずからの不安を保証させようとする母親と、その母親に従ってそれを肯定することしかできない無力な子ども」という幼時の彼の関係を、いまや立場を変えたDさんと私が繰り返しているようだった。しかしこの内容は、彼にとっては知りたくないものであり、彼は「〝仮想の敵〟／母親に無力に従わせられている」という側面だけに目を向けておこうとした。そのため、〝仮想の敵〟にまつわる知的な解明に専念したいのだった。面接が終わるたびに、彼と分かち合われているような「表面的な達成感」と「途方に暮れた思い」との両方を、私はこころに抱くことになっていた。

この再開後三ヵ月目に、ひとつのアクシデントが起こった。

新しい年（十二年目）を迎えて、一ヵ月ぶりにDさんはやって来たのだが、その次の回の三〇〇回目のセッションで、彼は予約時間の一〇分以上早く、来室を告げる呼び鈴を鳴らしたのだった。このとき私は前の時間のクライエントとの面接を終わる直前（つまり、まだ面接のただなか）だった。ゆえに私は呼び鈴を無視することにした。だが、呼び鈴は再度鳴らされた。私は面接を時間になって終了し、そのクライエントを送り出すために、戸口のドアを開けた。そこには、Dさんが立っていた。そして前のクライエントが出て行くのと入れ違いに、彼は入室した。私は彼に、一〇分以上早く来すぎたことに注意を与えた。彼は、車の時計が狂っていたようだと狼狽して言葉多く釈明した。事情は了解したことを私は静かに伝えた。

セッションは始まったが、空気は硬くこわばっていた。Dさんは「自分は治るのだろうか」といった内容を私に尋ねだした。私は彼のいまの態度の硬さを伝えた。するとDさんは、戸口の場面で私が彼に感情的に怒っていた、その失礼な態度への詫びの言葉があってよかったはずだと、怒った様子で語った。私は、いまの彼の「私に支配されているという恐れと怒り」をとりあげた。それは、このアクシデントに始まるこの場面を「私たちがいままさに、幼児期Dさんが母親に圧倒されたあの〝押入れ〟体験を生きている」と理解したゆえだった。私は「私たちは、最も情緒的に触れ合える生きた転移のただなかに、いまいる」と感じたし、このときをふたりが避けずにどうやり抜くかであると考えた。私はこの状況に身を置こうと決心した。

Dさんは私が謝罪しないことを強く責めた。私が個人的な感情を正当な対応のように偽っているのが不誠実だとも非難した。私は、彼こそが私から非難されつづけている――私から支配されてしまう――とひどく怯えていることを伝えた。張りつめた空気は続いた。だが、四分の三ほどの時間が過ぎたところで、彼は妻の話に話題を変え、いつもの知性化した「あそこで」についての理解を深める作業へと向かった。こうしてこのセッションは終わった。帰るDさんの表情はこわばったままだった。

次の週のセッションにDさんは、ほぼ時間どおりにやってきた。硬い雰囲気があった。彼は横たわったあと、いまの〝仮想の敵〟の取り扱いを話題にした。私はその話を前回のセッションの〝早すぎた呼び鈴〟という出来事につないだ。すなわち、彼がその話題を避けていると指摘した。彼は、その話題は不毛である、自分は知性にあわせたいのだ、なぜなら私こそがプライドゆえに謝らなかったからだ、と強く私を非難しつづけた。『自分には非難されるいわれはない。知らずに呼び鈴を押しただけだ』と声を荒げた。私は「いまや私が、幼い頃のあなたの母親のように、あなたのあとをついてまわってあなたを非難している。そして、あなたは私に怯えている」ことを伝えた。このセッションの終了を伝えると、彼は怒りを顕わにし『先生は、わかってない。分析の続行に疑問を感じます』と言い捨てて帰った。

次のセッションには、八分遅れてDさんはやって来た。彼はこの日やって来るのがとても困難だったことを話し、このところ抱えている日常生活での困難を語り始めた。私は、来ることの困難に関して、私とのあいだでの気持の行き詰まりをとりあげたが、彼は、私が問題を彼に押しつけて、私の責任を棚上げした、私が弁解のためにこの問題を取り上げている、卑怯だ、と私を非難した。『先生がこの問題に拘泥するなら、分析に来ても意味がない。今日は意味がなかった』と言って、このセッションを終わった。私はたいへん重苦しい感覚ではあるが、私たちがこれまでになく、まさに生きた感情で接していると感じていた。

しかし、それまでだった。次のセッションの予定日、彼は留守番電話に『二ヵ月ほど休む』という言葉を残して、またもやつながりは途絶えた。

それから二ヵ月以上を経てDさんは現れ、分析に期待できないという怒りは含まれていたが、話は変わり、深まらなかった。その帰りに車をぶつけて足を痛めたという理由で、またもや一ヵ月休んだ。そのあと現れた彼は、事故で身体を痛めた自分への同情がないと、私への不満を強く顕にするとともに、私への信頼がいまひとつないことも語った。そして足の痛みの再発を理由に休んだ。

ここに至って私は、この分析治療が何なのかを切実に考えないわけにはいかなかった。

〝早すぎた呼び鈴〟の件は〝押入れ〟体験の〈転移〉的再現として、Dさんの不安や対象関係をワークスルーするまさに唯一の好機と私には思われたが、彼はそれに耐えられなかった。こころの触れ合いを彼は受け入れきれないのだった。このままなら治療は、彼の知的な頭の整理には活用されても、彼自身の感情に向かい合う機会とはならないままに切れ切れに続くようだった。それは、彼が正当な支配者でありつづけるとともに、自分は治す努力を続けているという彼の彼自身や家族への言い訳になっているだけであった。治療は彼のこうした二次利得のある神経症になっているようだった。そうであるのなら、この分析は「終わりなき分析」になってしまう。私は治療を終わることを考えていた。

私は、みずからの〈逆転移〉を真剣に検討した。

私の思いの表面にあったのは「落胆」の感情であった。〝早すぎた呼び鈴〟状況というふたりにとっての最大の好機が生かされなかったことへの大きな失望があった。この機会こそ長い歳月のなかにようやく産み出されたものなのに、新しい感情を創り出すことなく葬られてしまったと感じられ、悲しかった。私はそのときの自分の対応を省みた。そして、これから続くであろう断続的な治療ではもはやその機会はないだろうとも思われた。Dさんにはやはり困難なのだと私は感じた。そこには、怒りと同情と諦めの混ざったやるせない感情があった。確かに私のなかに怒りはあった。彼の支配的で傲慢でもある関わり方は、私を不快にさせるものだった。一方、かつて感じていた私の恐れはもはや強くなかった。恐れは彼に戻っており、彼が怯えに耐えられないのだった。私は、幼い頃からの怯えゆえに不幸で険しい人生を続けている彼を、気の毒に感じた。

これらの感情、すなわち〈H *hate*〉や〈L *love*〉が私のなかにあるのだが、私にできるのは、Dさんが自身の事実を知ること――すなわち〈K *knowing*〉――を進めていくのを援助していくことなのだろうと考えた、たとえ彼自身は〈ノーK *no knowing*〉あるいは〈マイナスK *minus K*〉に留まろうとしているとしてもである。この〈K〉をDさんは遂行できるか？ 私は考えた。答えは「否」であった。確かに、彼は耐えられないのだ。それにしても、私はこれらの私自身の感情に動かされていないだろうか？ それを正当化しようとしていないだろうか？ 私はそこに繰り返し戻った。これらの私の作業はとくに彼が休んでいる期間のうちの三ヵ月ほどのあいだに断続的になされた。そして私は、今年一杯で治療を《終結》することを最終的に決心し、そのあいだに可能な〈K（事実を知ること）〉の達成がこの治療でなされうるだろう、と考えるに至った。

この年の夏期休暇が明けた八月の終わりにDさんはやって来た。四ヵ月ぶりだった。彼はいまの家庭状況をひとしきり語り、〝早すぎた呼び鈴〟の件に言及した。自分は自分自身の考えをもってよいし、治療者は治療者で違う考えをもっていることもあると考えるに至ったと語った。それから彼は分析が役に立つのか、妻は役に立っていないと言っていると述べた。私はそれを聞き、肯定的にうなずいたうえで、この分析を今年内で終わることを静かに伝えた。

彼は驚きをもって反応した。終わったあと自分はどうしたらよいのか、あとは誰が分析をしてくれるのか、何が治療的支えとしてあるのか、何もありそうもない、と不安がった。それから、なぜ私が終わろうと判断したのかを性急にまた攻撃的にさまざまなかたちで尋ねてきた。私は、終わることへの彼の不安と怒りをできるだけ語らせたうえで、私の《終結》の決定にDさんは「母親の拒絶」を見ているのだろう、ということを伝えた。彼は肯定した。私は、私とのあいだでの分析は終わってよいだろうこと、いまの分析が彼のころの世界の平衡の安定に組み込まれてしまっているとの考えも伝えた。彼のさらなる問いに、現在の彼との分析のあり方は私にとっては経済・時間ともに損失となっていることも伝えた。

次のセッションに、Dさんは時間どおりにやってきた。そして、この一年のキャンセルした分の代金を支払いたいと白い封筒を差し出した。私は私たちの契約ではキャンセル時は連絡することになっており、彼はそれをしているので料金は受け取らない、ということを伝えた。彼は了解した。それから彼は『いま自分は変わってきていると思う』と語り、かつて長男に指摘されていたのだが、自分の思いどおりにしようとして相手の気持に立つことがなかったことに気がついた、治療者も長男と同じ体験をしていて、それに耐えてくれていたのだと気がついた、とも語った。続いて切迫した様子で「いま分析がなくなると家庭が壊れる」と訴え、次に「為し遂げたと感じられるところまで分析をやりたい。達成感がなくて終わることは、子どもの頃の外傷の繰り返しになる。終わることを考え直してもらいたい」と語った。私は耳を傾けつづけ、彼の動揺と、それゆえの完全さを求める気持を伝えた。

その次のセッションにもDさんは定時に来た。彼は、自分が「母のやり方」〈強迫的確認〉をせずに〝仮想の敵〟の恐怖と対峙すると、その混乱で家族がひどいことになって立ち直れないのではないか、との恐れを語った。私は、彼の〈投影〉——家族ではなく彼自身が立ち直れないと恐れていること——を伝え、そこには彼が彼自身をも私をも信頼できていないことがあるのだろうと伝えた。彼は深く考え込む様子を見せた。

彼は分析が終わることを受け入れたようだった。実際、このときから三ヵ月後の《終結》の日まで、彼は一度もセッションを休まなかった。約四ヵ月のあいだ休むことなく継続したのは十二年のこの治療で初めてのことだった。

やがてDさんは、アニメーションの「アルプスの少女」のことを話すようになった。歩けない少女クララを少女ハイジやおじいさんや男の子ペーターがどのように共感的支持的に援助したり力づけたりしたかを、これまで見られなかったほどに情緒的に語った。私は、私との関係とつなぎ、彼はその物語の人たちがしているような援助を私に感じているし、おぼつかないとしても自分の足で歩くことこそがなすべきことだと感じている、ということを伝えた。それを彼は私と分かち合った。

彼は、妻と私から支えられていると感じていた。一方、いまの〝仮想の敵〟への恐れも語った。私はそれに、私への恐れが向け替えられていることを伝えた。それを受けて彼は、私に見捨てられる恐れを苦しげに語った。そこには、寄る辺のない悲しい不安があった。彼は、私への恐れ、さらにはこころに在りつづけている子どもの頃の怯えの部分を認めた。恐れていた母親から離れられないのは、よい母親への愛着があるのだろうとも語った。フっと恐れにはまってしまうとどうしても強迫性の清めの行為に頼ってしまうことを嘆いた。だが彼の話からは、強迫を使わないやり方も実際に確実に増えていた。

三一六回にDさんは、私が彼のことを彼より深く考えて対応してきたのかもしれないと思うことを語り、私には感情的なところもあったが、分析家としては揺るがなかったように思う、と付け加えた。分析を終わることは私が感情からではなく見通しをもってやっていることと思うことも語った。彼は〝早すぎた呼び鈴〟体験や分析の継続の意義を考えた。私は、〝呼び鈴〟体験の回避や、分析を続けることは、私たちが〝押し入れ〟にずっと一緒にいるままに過ぎないと思う、ということを伝えた。彼は、ひとりきりで誰もいないのは寂しい……としみじみと語った。今日は納得がいったと、彼はいつもになく笑顔を浮かべて帰った。終了後、終わりの悲しみが私のこころに感じられた。

しかし次のセッションでは、Dさんは治療者への疑わしさ、理解されていないとの怒りを険しく語った。その一方で、「仮想の敵」は彼の内側にいることも掴んだようだった。

Dさんは終結について、「アルプスの少女」のように私に信頼してもらっていると感じると同時に、離乳のとき母親が無理に引き離したように、私が感情的に彼を引き離そうとしているとも感じると語った。私に感情的なものがあったと彼は言った。私は『私たちはいま〝仮想の敵〟体験をしているのでしょう』と伝えた。彼は肯定した。

十二月に入ってのセッションでDさんは、〝呼び鈴〟体験の経過を考えていたことを語った。そして自分が治療者を「支配してくる母親」と見ていたことへの気づきを語った。私は、彼が私に母親を見ていたがそれに気づきたくなく、それを〝仮想の敵〟に集めようとしてきていたことを伝えた。彼は、私や妻が母に見えることとこそが自分の現実であること、この気づきこそが分析で治療者がやってくれたことではないかと思う、と語った。

そして最後の回が来た。彼は六分遅れて来室した。これから彼が人生の目的に向かい、そこでの仮想の敵に彼は耐えられる、との保証を私に求めた。私は、私たちが積み重ねてきて今日の終結の日を迎えているのだ、ということを伝えた。彼はうなずいた。それから、自分への家族の反論を率直に受け入れたこと、自分は被害者だと思ってきていたが、家族を支配する加害者――自分のなかの「母」の部分――であるとはっきり気がついたと語り、無理に相手のよい部分を取り出しそれを相手に押しつけていたと語った。押しつけるのではなく、苦痛はあっても生きた人間のふれあいをもとうと思うし、これが恐れを和らげてくれそうに思う……としみじみと語った。私との最近の率直なやりとりでそのことに気がついたように思う、と述べた。私の率直さに驚いているようだった。分析が終わるのが自分の気持にしっくりと感じられるとも語った。

どこか緊迫感のある悲しい時だった。私は終了を伝えた。Dさんは紅潮した表情で私に感謝を述べた。私もそうした。彼は私に、家族のコーヒータイムをもってほしいと、贈り物を差し出した。この買い物をしていたのが、今日遅れた理由であることを付け加えた。私はお礼を述べて、受け取った。別れ際に彼は『この体験は忘れない。これからも思い出すでしょう……それで充分です』と言った。Dさんの目は潤んでいた。私も同じだと感じた。私は別れの握手の手を差し出し、彼はその手を強く握りしめた。こうしてふたりの時は終わった。

それは、「出会いつづけ見つめつづけるというひとつのことを為した、ひとつの時代が終わった」という、ふたりだけにわかる終わりであった。そして運よく、私のほうが治療者であった。

考察

ここでの考察は、治療の《終結》——とりわけ行き詰まった治療の終結——という主題に限る。

終結の基準

精神分析的治療の《終結》の基準を考えるとき、フロイトが次のように述べていることが想起される——「第一は、患者がもはや症状に苦しまなくなり、また不安や制止症状を克服したとき、第二は、問題となっている病的現象が今後繰り返して起こる可能性をもはや恐れる必要がなくなる程度にまで、抑圧されていたものが患者に意識化され、理解しえなかったものが解明され、内的抵抗が除去されたと分析家が判断したときである」[1]。

またクラインは《終結》の基準に、人生での生後一年間に経験される「最初の喪の体験についての分析」が充分になされているかを挙げ、「迫害不安と抑うつ不安が分析中に体験され、根本的に軽減されるにつれて……〔中略〕……最初期の恐ろしい人物像が患者のこころのなかで根本的な改変を受ける。……〔中略〕……迫害者と理想像との間の強い分裂が軽減されてはじめて、よい対象がこころのなかに安全に確立される」と、治療終結時の達成点を述べている。[4]

私自身のこれまでの《終結》に至った経験を振り返ってみるなら、これらの見解は正しいが、同時に、高い「理想」でもある。つまり、これらの基準を完璧に為し遂げようとすることは、分析を「終わりなきもの」にしてしまう可能性を高める。

Dさんの事例に戻ってみると、彼の症状は軽減した。たとえば風呂場で過ごす清めの時間はかつての数分の一に減ったし、外出後、着替えなくていられるようになった。だが苦痛感は残っていた。また無意識に置かれていた考えや感情が多く意識化され、そのワーキング・スルーが続けられた。対象関係では、最初期の恐ろしい人物像、すなわち幼少期の母親はより対応できる姿に変容した。「自分は被害者だと思っていたが、加害者だった」との彼の言葉にもあるように、不安や攻撃性を自分のものとして彼のなかにコンテインできるようになるとともに、自己や対象の分裂は軽減され、「アルプスの少女」の援助者たちに表象されるよい内的対象は強化された。Dさんのこれらの変化は、カッツが《終結》のための必要条件とした「抑うつ態勢で機能する *depressive position functioning* 能力」[3]を備え始めたと見ることはできそうである。

こうした好ましい症状的・内的変容は生じたが、《終結》基準の要求を高い水準でとらえるなら、この治療の終結は、そのための必要条件は備えたものの充分とはいえない、あるいは未完なものといえるであろう。それでは、治療は終結基準をクリアするまで続けられるべきであろうか。そうだろう、理想的には。問題は、その理想はどこまで追い求められるべきか、行き詰まりはどこまで打開されようとするべきか、である。

ライヒはそれにひとつの答えを出している[9]――「われわれは、これ以上続けても意味がないという事実に直面しなければならないときがくる。そんな場合には、上に述べたような分析終結に対する反応を完全にワークスルーする必要はない。……このような分析の終わり方は、ほんとうは精神分析的とはいえない。むしろ心理療法的といった方が正しい」。

私は実際、クラインの指摘する「分析中に体験される迫害不安と抑うつ不安の軽減」を転移分析によって達成しようと試みた。しかしながら、分析空間はDさんにとって〈K〉を目指す――すなわち情緒的に知ろうとする――ところではなくなって、彼が絶対的に正しく居るところになり、分析関係は強迫症状的関係を硬く反復するところになっていた。そしてこの状況打開への私のはたらきかけは、キャンセルによる欠席という「一次過程」行動で彼が対処するところとなっていたのであった。それでも、この行き詰まりへの分析はやはり試みつづけられるべきであろう。それが「終わりなき分析」になろうとも。

しかし私は期限設定による《終結》を導入した。これは心理療法的解決を図ったと表現されるかもしれない。だがそれは、治療の終結をその基準の充分な達成という枠だけでとらえるのではなく、「逆転移を含めた、終結することの意味とあり方」を私が検討してみたゆえである。

終結の意味とあり方

クラインは「分析の終結が患者に幼児期の分離の体験を再現させることはこれまでにも観察されており、これは離乳体験の色合を帯びたものである」と終結を意味づけている。

Dさんの例では、離乳は必要だったであろうか。私はそう考えた。むしろ、彼は離乳を体験しなければならないと私は考えた。彼は「完璧なよい母親と完璧によい体験をしないことには、こころの安らぎはない」と感じていた。しかしそれは、不安が永遠にまったく無いこころでありつづけようという、ありえない願望だった。私とのあいだでの「完全によくなるまで離れない」という強迫的自己愛的しがみつきは、終わらねばならなかった。彼には「『アルプスの少女』の足の悪い少女クララのように」、たとえ不安であろうとも、みずからの足で歩いてみることが必要だった。

クラインは「分析の終結は、必ず苦しい感情を引き起こして初期の不安を再現するはずであり、これは喪の状態に等しいものになる」と述べたが、Dさんにおいては、期限を切るというかたちでの《終結》が、初期の不安であり離乳の痛みでもある〈抑うつ不安〉に向き合う機会を確実にもたらしたのだった。またそれは、彼自身が終結期に「離乳」という表現を使ったように、彼にも意識されていた。彼にとっては、象徴的乳房対象の喪失であり万能的自己の喪失という「悲哀に満ちた、抑うつ的なこころの痛みをともなう離乳」であり、私にとっては、普通の母親がおそらく感じるであろう罪悪感と悲哀という、やはりこころの痛みをともなう離乳であった。

「分析の終了ということは実際上の問題である」とフロイトは言う。これも《終結》の意味とあり方を述べている。またフロイトは「分析治療という人間関係は、真理愛、すなわち事実をあるがままに認める勇気を基準とするものであって、あらゆるみせかけと欺瞞を排斥するものである」とも言う[1]。私はこれらを、治療や治療でのふたりは〈K〉リンクの関係を維持し、かつ〈現実原則〉に従うべきだ、と述べていることと理解する。

私はDさんとの治療の《終結》は〈現実原則〉に従って導入されたと見ている。彼には私との治療は、彼が知性化を磨く強迫的儀式であり、彼が治す努力をしていることを周囲に訴える機会であり、それは彼の強迫的なあり方を正当化するとのみせかけと欺瞞がそこに歴然とあるものだった。私たちのあいだにある内的外的事実には触れられないままなのだった。そして私も長期間、無意識に彼と共謀していたのだった。〈現実原則〉に従うということは、いかに苦痛であろうともみせかけや欺瞞を除いてしまい、万能空想的な未来を追い求めず、いままでの改善と理解を生活のなかで役立たせることだった。すでにその時が来ていた。治療の終結が内包する「無限の時間という錯覚が実際の限られた時に変容され、万能空想や不滅の空想は制限される」[2]との苦痛な事実に、Dさんも私も直面すべき時なのだった。

終結と逆転移、そしてワーキング・スルー

治療の《終結》は、治療者の感情を大きく揺さぶる事態である。既述したように、そこでは別れという失う体験が含む喪の感情が動くからである。離乳が母親にとっても強烈な喪失であることと同様である。メニンガーは「終結は、患者にとってよりも分析家にとって、もっとも難しい問題である」と言い、さらに「分析治療の別の時期に、逆転移現象がこれほど障害になり、これほどひどい危険になる場合はない」とまで言っている。[8]であるから、終結での分離への「治療者の反応は制御され治療者自身の意識に持ち込まれねばならない」のである。[5]このように、終結一般が治療者に困難なものであるのだから、まして、その治療が行き詰まりの様相を呈していたのなら、この〈逆転移〉はさらに困難なものになることは必至である。だがそれでも、始められた治療は終わらねばならない。

成功例とはいえないDさんの事例に戻ってみると、そもそもの行き詰まりが私の〈逆転移〉における〝恐れ〟にあったことは明らかである。

私はこの〝恐れ〟を数年扱えなかった。このための治療の停滞が患者の二次利得への執着を産む源泉になったと私は考えている。メルツァーは、行き詰まりの中断例については「患者の協力にいかなる欠損があろうとも、私たちはこれが、その科学〔精神分析のこと――筆者註〕自体の限界や私たち個人の実践ゆえのすべて分析的失敗であるという重荷を引き受けねばならない」と言う。[7]そのとおりである。責任は私にある。私の〈逆転移〉のワーキング・スルーの遅れが、改善と終結をより困難にしてしまった。

ただ、この逆転移性の〝恐れ〟は歳月の後、私に気づかれ、私はそれに圧倒されなくなった。[6]私は、はま

り込んでいた〈投影－逆－同一化〉から身を離し、Dさんへの恐れを冷静に見ることができるようになった。ここでひとつの行き詰まりは打開されたと私は見ている。それゆえ、それからの私は彼の情緒に触れようとしたし、陰性転移のなかに留まろうとしたのであった。けれども、彼はキャンセルによって〈転移〉関係から空間的にひきこもった。ここに新たな行き詰まりが生じたのであった。治療全体を見ると、この新たな行き詰まりについての責任も私にある。これは、それまでの治療経過や契約の不備が引き起こしたところが大きいからである。

この責任の感覚こそが、私の〈逆転移〉感情のひとつだった――「私はDさんを何処へ導いているのか。どこにも行き着かないままに、私は彼の人生を終わらせようとしているのではないか。ありもしない希望を彼に与えつづけているのではないか。彼はどんどん悲惨な状況に陥っていっているのではないか」。こうした治療への責任という感覚から、私は苦しい罪の意識を自分のなかに感じないではおれなかった。この〝罪悪感〟は、ややもすると私を圧倒しそうになるものではあったが、私にはこの〝罪悪感〟が私と彼とのあいだではアンバランスなものであることも感じていた。彼は正当にも完璧な治癒を求めつづけ、それに応えられない私が悪いという、私の〝罪悪感〟だけが過剰であった。それはふたりの作業のなかのものではなかった。私は、〝罪悪感〟はそれとして味わいながらも、治療者としての責任という感覚そのものを大切にする必要を感じていた。そして、それが治療の《終結》という考えを産み出したのである。すなわち、私が現実に責任をもちうる範囲内で治療をまっとうする、ということである。

私はこの治療では、〈転移〉されているDさんの母親への〝恐れ〟をふたりのあいだでできる範囲でワークスルーすることが、為すべき課題だと考えた。しかし彼は「来ない」という行動でそれを回避する。それは繰り返され、しかも時《とき》をすでに多く消費している。この事実が、私に期限設定による終結を検討させ、実行させた。

しかし私はここでさらに苦しむことになった――「私に責任を負わせ改善しない彼を憎んでいるゆえに、治療を終わりにしようとしているのではないか」「私はいまだ彼を恐れており、それゆえ治療を終わろうとしているのではないか」「私はキャンセルのため浪費されている時間が欲しくて、欠席のための金銭的損失をなくしたくて、貪欲さゆえに治療を終わろうとしているのではないか」「転移を扱えない無力感を拭おうとして終わろうとしているのではないか」「私は彼をいじめようこらしめようとしており、冷酷にもそのサディスティックな快感に浸ろうとしているのではないか」「私は治療者としての能力のなさや欠陥を終わることで覆い隠そうとしているのではないか」「私はそもそも治療者としては不適格でパーソナリティの偏りがひど過ぎるのではないか。私も精神分析もひど過ぎるものなのではないか」。これらを私は思い、感じ、苦しまざるをえなかった。私はそのときも、またいまでも、これらは私については当たっていると思う。しかし、それが私のすべてではないとも思う。この〈逆転移〉感情は、幼児期の恐ろしい母親転移対象として彼と向き合っている私が味わうもの、すなわち〝罪悪感〟でもあることを私は認識していた。

私には、Dさんからの〈転移〉や投影からの〈逆転移〉反応と、責任ゆえの〝喪の悲哀〟を味わい、それにもちこたえ対処していく自分の能力を識別する必要があった。そうすることによって、「保証」や「拒絶」という極端な対応につながる逆転移の重圧に圧倒されてしまわず、自分自身の治療者としての作業を冷静に見定め、遂行しつづけることが、為すべきことだった。

おわりに

精神分析という治療方法を実践している以上、可能な範囲で〈転移〉をふたりでワークスルーしていくこと、それを通して患者が恐れている内的世界・内的状況を見ていくことこそが、私に為しうることなのである。そしてそれを実行できる設定で残されたものが、期限を限っての治療の《終結》という形態であると私は結論づけて、それを実行していったのである。しかしそれと同時に、終わってもよいだけの充分な進展がなされたかについての不安な不確かさも、私は自分のなかに抱えつづけて、自問していくこともしていった。このことはカッツが述べる、治療者が「終結の過程は、私は完璧な治療を提供できなかったように、完璧な終わりを提供できそうにもないとのことを受け入れる」という、治療者としての私自身が〝喪の仕事〟を〈抑うつ態勢〉水準でワークスルーしていくことであった。

《終結》の過程がもたらしたものは、メルツァーのいう離乳過程の「分析家という人物に頑固にしがみついている幼児的転移と、分析過程や事実を発見する方法の美しさとよさへの大人の正しい認識とが分かれ始める」過程であった。期限設定後、Dさんは私への幼児的な恐れとしがみつきは示しながらも、その一方で、治療者は「分析家として揺るがなかった」ことを認め、分析過程での達成を評価できた。彼はこの幼児的転移と大人の認識とのあいだを最後の終結の日まで揺れつづけたが、私もまた逆転移性のこころの動揺を揺れ続けた。それも終結の瞬間まで続いたのであった。私はできるかぎり、〈逆転移〉のなかの思考や感情を、私自身の問題として検討し、また、彼の持ち込んだものとの関連で味わい、転移世界の体験とつないで検索しつづけた。

そして最後の日に、私たちは終わりの切なさという「目に涙をため」[8]る想いをどちらも抱きながら、別れと感謝を告げ合ったのである。

文献

(1) Freud, S. (1937)「終りある分析と終りなき分析」『フロイト著作集 6』〔人文書院、一九七〇年〕

(2) Grinberg, L. (1980): The goals of psyhcoanalysis: The search for the truth about one's self. *The goals of psychoanalysis*. Karnac Books, London, 1990.

(3) Katz, E. (1999): When is enough enough? Ruszczynski, S., Johnson, S. (Eds) *Psychoanalytic psychotherapy in the Kleinian tradition*. Karnac Books, London, 1999.

(4) Klein, M. (1950)「精神分析の終結のための基準について」『メラニー・クライン著作集 4』小柴啓吾・岩崎徹也編訳〔誠信書房、一九八五年〕

(5) Langs, R. (1974): *The Technique of Psychoanalytic Psychotherapy*. J. Aronson, New York.

(6) 松木邦裕〔一九九九年〕「事実を恐れること——ある強迫男性との治療の行き詰まりから」『精神分析研究』42-4

(7) Meltzer, D. (1967): *The Psychoanalytical Process*. Clunie Press, Perthshire.

(8) Menninger, K. (1958)『精神分析技法論』小此木啓吾・岩崎徹也訳〔岩崎学術出版社、一九六九年〕

(9) Reich, A. (1950): On the termination of analysis. *Int J Psycho-Anal* 31.

初出

「終結をめぐる論考——ある強迫症者と私にとっての『ひとつの終わり』」『心理臨床学研究』22-5〔二〇〇四年〕

Interactive Links

♣ *BEFORE this work ...*

松木邦裕「**考えられない考え、植えつけられた罪悪感、そして悲しみ**」
『分析臨床での発見』〔岩崎学術出版社、2002年〕

青年期にあった強迫症青年の精神分析的心理療法を、その始まりから終結まで著している。強迫や治療終結についての私の理解を深めてくれた症例である。

AFTER this work ... ♣

松木邦裕『**私説 対象関係論的心理療法入門**——精神分析的アプローチのすすめ』〔金剛出版、2005年〕

この書物の第11章は、終結と終結後について記述している。テキストとしての記述であるが、実践的な終結と終結前後のあり方を著している。

第Ⅱ部 心理療法としての役割と可能性

もの想い……

精神医療の内と外

精神分析臨床家が抱えつづける苦悩のひとつは、医療——より細かくは精神医療——との関係である。それは精神分析の創成当初から苦しまれていたが、今日も変わらず深刻である。

歴史

フロイトは医学部卒業後、基礎医学分野に道を定め神経病理学者になった人である。しかし進路変更を余儀なくされ、臨床医家として、今日でいう神経内科を開業した。そこから精神分析は生まれた。精神分析は始まりには、医者の診察室という場所を治療構造にしていた。しかしながら学問的確立とともに、その臨床医学とは似ていて非なる構造を精神分析は築き上げることになった。

似ている。たとえば、心身の病に苦しむ人たちが訪れ、医師は耳を傾け、受け入れる。数人を一度に診ることはなく、ひとりずつ個室で対応する。その治療のために病者は繰り返し訪れる。その対応に期待される治癒や改善に、病者は代金を支払う。

異なる。たとえば、精神分析では病者の身体に触れない。触診という用語があるように病者の身体に触れない臨床医学はありえない。だから精神分析に造詣の深い精神科医のなかには、触診の必要性を強調する人が少なからずいる。その人たちは、一義的に精神科医なのである。そしてこの理由から精神分析家は面接中には席を立たない。医師は必要に応じて診察中に動く。

もうひとつ、挙げよう。その病者と会うときには、精神分析臨床家はひとりでそこにいて病者と出会い、第三者――たとえば看護師や助手――がそこに同席すること、必要に応じて出入りすることは決してない。フロイトの場合でさえも、大きな犬が出入りすることはあったとしても、人が出入りすることはなかったようである。

たいていの大学病院や総合病院の精神科外来診察室は、個室といっても形だけのパーティションで区切られているだけの空間で、話し声は周囲に筒抜けであり、診察現場の後ろ側はそのまま通路という構造になっており、看護師が行き来している。精神科病院の病棟診察室は看護詰め所に併置されており、診察室の空間と看護詰め所の空間は続いていて、必要に応じて看護師が普通に出入りする。医療では、医師と看護師がセットである。ついでにもうひとつ挙げるなら、医師は見立てと見通しを病者に伝えるが、精神分析では見通しを伝えることはない。「それでは精神分析を始めましょう」と伝えるだけである。

精神分析が独自の治療構造を創り始めるとともに、精神分析は医学とは異なる方法であるので、その方法に熟達した人なら実践することを認め始めた。フロイトの精神分析を受けた人は、それによって精神分析という方法をマスターしたので精神分析家として開業してよいとフロイトは認めたのである。というよりむしろ精神分析開業を勧めた。たとえばオットー・ランク、ヴィルヘルム・シュテーケル、テオドール・ライクらである。フロイトの医師筋の高弟たち、アブラハム、フィレンツィ、ジョーンズもそれに習った。こうして医師でない人たちが精神分析家として開業した。

フロイト自身はこの事態にアンビバレントであったと思える。というのは、ヴィクトール・タウスクが精神分析家を志してフロイトを訪れたとき、彼にフロイトはまず医学部に行くことを勧めている。タウスクもそれに従った。一方、ライクが患者に訴えられた事件を契機としたのだが、「素人による分析の問題」〔一九二六年〕という、医者でない者が精神分析を実践することを擁護する論文も書いた。

事実、子どもの精神分析を創造し発展させたふたりの歴史的人物——アンナ・フロイトとメラニー・クライン——は、どちらも医師ではない。幼稚園の先生とただの主婦であった。クラインは若き日に医学を目指していたにもかかわらず行かなかったことを悔いて、劣等感さえ抱いていたようだが、医師であってクラインの右腕的な高弟であったポーラ・ハイマンは、精神分析家には医師であることがいかに不要なことかを説いていたという。

独自の道を歩み始めた、この精神分析なるものには、その道の途上に大きな分岐点が待っていた。その分岐を促進したのは、ドイツ・ナチスのユダヤ人迫害と、それゆえの精神分析迫害によるドイツ文化圏内での精神分析の消滅であった。こうしてオーストリアに聖地を築いていた精神分析は、第二次世界大戦の戦勝国である英語文化圏に拠点を移した。フロイトがロンドンに亡命したことで、本家は英国に置かれたが、精神分析の大発展は、多数のユダヤ人分析家が亡命した米国に始まった。その結果、精神分析と精神医療の関係におけるふたつのモデルが明瞭に浮かび上がったのである。

英国ではこの国に唯ひとつ存在している英国精神分析協会が、精神医学とは一線を画す立場に精神分析を位置づけた。そこにはおそらく、アーネスト・ジョーンズという主導者は医師であったが、英国での精神分析は医療界に導入されたというよりも、ひとつの有力な文化サークル――ケンブリッジ大学出身のエリート・クラブ「ブルームズベリー」――が関与して形を成していった、という出生の経緯が大きく関係しているように思える。英国精神分析協会設立の当初から、ストレイチー夫妻、ジョアン・リビエールといった非医師が加わった。こうして英国では精神分析を、心理療法という医師も医師でない人もおこなう専門技術として発展させるようにした。英国協会に所属する精神分析家は今日も、医師に限らず、心理士、ソーシャル・ワーカー、看護師、歴史家、文化人類学者など、多職種の出自をもっている。

米国では、医療の只中に精神分析は位置づけられた。米国各地に支部をもつ米国精神分析学会は、医師資格を持つ者にしかその訓練を受けさせなかった。こうして医師のみが精神分析家となり、精神分析の訓練を受けて資格を得た人たちが医学部精神科教授になったことから、次世代の医師たちも精神分析家を志し、精神医学の主流に精神分析はなったのである。ほとんど精神医学イコール精神分析という文化が成立したのであった。しかし周知のように、一九七〇年代を境に生物学的精神医学が興隆し、米国の精神分析は精神医学のなかで勢力をなくしている。米国精神分析学会はいまでは、医師でない人たち――おもに心理士――の訓練参加を受け入れている。

わが国の歴史

わが国にも独自の歴史がある。それは第二次世界大戦後ということになるが、精神分析は医師のあいだで一定の勢力をもち始めた。

わが国の精神分析臨床の創始者古澤平作は、医師のみならず心理出身者にも教育分析を実践したが、頭角を現したのは医師であった土居健郎、小此木啓吾らであった。こうしておもに精神科医のあいだで精神分析臨床は発展していったのである。当時の日本精神分析学会会員の大多数が精神科医と少数の心療内科医で占められていた、という事実がそのことを明白に裏づけている。

わが国の心理臨床は、そもそも精神分析のアンチテーゼのひとつとして出現したロジャーリアン・カウンセリングを主流に置いた。それは、精神分析はすでに医師の手にあり、アイデンティティ確立のためにそれではないものを心理臨床家が必要としていたからであろう。のちに一九七〇年代の河合隼雄の出現から、ユング派分析（分析心理学）が心理臨床内に力を伸ばす。この精神科医と心理臨床家での専攻分野の分離は、よくいえば棲み分けであるが、それ以上の何かがそこにあったように思われる。

今日、日本精神分析学会での過半数を占める最多数派は臨床心理士である。そして臨床心理士の増加は確実であり、医師の新たな参加は少ない。精神分析に関するかぎり、過去の棲み分けは終わった。その一方、臨床心理士を国家資格に認めることに厚生労働省は反対を続けており、国民健康保険という国の医療制度に心理臨床家が事実上参画できないようにしつづけている。このため、カウンセリングや心理療法を求める国民の声は大きいにもかかわらず、精神医療に占める心理士の場所は確保されないままである。

目指すもの

本題に戻ろう。私は精神分析と精神医療では、その目指すものが本質的に違っていると認知している。

精神医療は医療であるから、医療全般が目指すものと同じものを目指す。それは何か。それは、苦痛の軽減である。患者は何らかの苦痛を訴えて医師のもとを訪れる。その苦痛に病名をつけ、「その苦痛を取り除くか、軽減しましょう」と対応するのが医師・医療である。病気の治癒とは、苦痛の消失という苦痛軽減の究極のかたちである。それが医学・医療の最終目標である。

ゆえに医療は、苦痛を軽減するためにはあらゆる手段を導入する。薬物、手術、放射線照射、たとえばパラフィン、電気など、さまざまな物質を活用した手当てなどが日常的に活用される。ここにマッサージや漢方薬、サプリメント、食事療法が入る余地が生まれている。精神医療でも同様に、薬物、面接、訓練などの苦痛を軽減すると思われる方法が惜しげもなく注ぎ込まれる。催眠、芸術、身体弛緩、動物なども活用され、その後ろに「療法」が付く。『あそこのクリニックはとてもいい』と人が言うのは、方法はいかなるものかは問わず、苦痛を早く和らげてくれるか、早く無くしてくれることが評価基準なのである。患者が訴える苦痛を、できるだけ早く、できるだけ充分に取り除くことが医学の目標なのである。

精神科医によっては、パーソナリティ障害や摂食障害、性倒錯、薬物・アルコールなどの嗜癖に対応しないのは、そうした人たちは苦痛を訴えないか、苦痛の対処への援助を求めないからである。その病いの彼／彼女のために苦痛を蒙っているのは、周囲の人たちなのである。統合失調症とか躁うつ病のような、伝統的に病気と認定されているものでない、他者が苦痛を感じる事態は、医療の視点からは、あるいは医療の視点しかもたない医師にとっては、当の本人が苦痛の軽減を求めてこないのだから、かかわる必要や理由のないものに見えるのである。
私が見るに、最近の医療は、苦痛の軽減に加えて、快の提供も積極的におこない始めている。苦痛な対象の除去をおこなおうとするだけではなく、ここちよい対象を供給しようとしている。美容形成、アンチ・エイジング、代理出産にその傾向が濃くなっている。この傾向が米国でもっとも著しいことに注目すべき点がある。それが米国での精神分析の凋落を裏づける理由のひとつだからである。

ここまでで私が示している医療の方向とは何なのかを明らかにしておこう。それは「快感原則、こころの一次過程に従う方法である」とのことである。

それでは、精神分析は何を目指しているのか。精神分析も苦痛にかかわる。しかし、為すことは異なる。精神分析は「苦痛にターゲットを置いてそれを除去しよう」という直接の意図はもたないのである。すなわち、苦痛に直接かかわらない。正確には、直接にかかわれない。患者に触れることもなければ、具体的な指示もしないのであるから、精神分析という方法では苦痛を減らせるはずがない。実際、精神分析を受けると症状が消失したり苦痛が激減することも少なくない。そうした結果も発生することは確かであるが、精神分析はそこをターゲットにはしておらず、そのような症状の改善は精神分析の実施に付随するものである。

つまるところ、精神分析が達成を目指すのは、苦痛にもちこたえる力を高めることなのである。ウィルフレッド・ビオンは言った――『患者は苦痛の軽減を求めてやってくるし、分析家も苦痛の軽減を目指しているにもかかわらず、起こることは、苦痛にもちこたえる力を高めることである』。

精神分析が何を目指しているのかは、今日、より明確になったともいえる。確かにその創成期には心因による症状の除去という、医学と同じところに目標を置いていた。しかしながら精神分析の実践が事態を明らかにした。

人が生きていくとのことは、快を味わい喜びを感じるところにあるのは確かである。しかし現実の「生きる」ということは、それだけではない。生きることの重要なもう一面には、苦痛に耐えるという側面が確実にある。それは身体の苦痛でもあれば、こころの痛み――喪失の悲哀、不満の苦しみ、怖れ・怯え・不安――でもある。生きていくということが、何かを得て喜べることであると同時に、何かを失いつづける歴史であることは、誰も否定できないであろう。それらの痛みを何とかして抱えられなければ、「抱えられない」という新たな不幸が付け加えられる。

かつてはこの〝抱えられない苦痛〟の修繕は宗教が与えた。来世の幸福という幻想の未来型の湿布である。いまだこの種の強力な湿布を求める人も少なくないが、一般にはその湿布薬はすっかり剥がれやすくなってしまった。あるいは、薬物・倒錯的性行為・賭博という強烈な快感を湿布するやり方は今日も使われている。この湿布もすぐ剥がれるので、繰り返し貼りつづけないといけない。嗜癖である。

精神分析は心地よい湿布を提供するものではない。苦痛を自分のこころで抱えることを援助するのである。その患者／クライエントが抱えられなかった〝こころの痛み〟をそれとしてこころに置けるように手伝おうとするのが、精神分析である。

それは「自我の強化」という表現ですませられる単純な作業ではない。苦痛とこころという「コンテインド／コンテイナー」関係における変形作業である。精神分析を通して、両者が相互作用し変形するのである。

苦痛－コンテインドについては、かつてフロイトが「ヒステリーのせいで痛ましい状態にあるが、それをありきたりの不幸な状態に変える」〔『ヒステリー研究』一九八五年〕と言ったような変形である。扱えない不幸、他者に訴えかけるか排出しつづけるしかない苦痛が、「悲しむ」という、こころによる「喪失の悲哀の仕事」ができるそれになるのである。私のあるアナライザンドは、『現実を認めるのは悲しいが、肩の荷が軽くなっている』と語った。

コンテイナー－こころについてなすのは、〝感知したものについて「考える」能力〟の増大である。〝「考える」ことで経験から学ぶ能力〟の増大とも表現できるかもしれない。これが苦痛をこころに置くための変形作業である。

ここで「こころの機能の原則」についてのひとつの理論を持ち出すことは、私たちの理解を整理するのに有用と思われる。

その「こころの機能の原則」は、すでに医療のところで持ち出している二原則、つまり〈快感原則〉と〈現実原則〉である。それは、こころが〈快－不快（苦痛）原則〉に従う（心地よいものはとりいれ苦痛なものは排出しようとする）〝こころの一次過程〟と、考えることを介在させて現実吟味を重ね、現実を踏まえてものごとに対処しようとする〈現実原則〉に従う〝二次過程〟との峻別である。有り体に言うなら、医療・精神医療は〈快感原則〉に従うのであり、精神分析は〈現実原則〉に従おうとする。この結論が意味するのは、精神分析が本質的に医療現場の外のものであるとのことである。

これは実際、パラドキシカルな現象をそこに含んでいる。医学の進歩は〈現実原則〉のもとでの〝二次過程〟思考の活用によってしか生まれない。しかしその進歩は、医療という現場で苦痛の除去、軽減に使われる。すなわち〈快感原則〉に奉仕するのである。もっともこれは、あらゆる科学の達成とその現場での活用に発生する関係である。端的な例は、原子物理学の研究と原子爆弾の使用である。原爆によって不快なものを一瞬にして一網打尽に消す。一方、精神分析は〝一次過程〟に目を向けつづけることによって、現実原則に基づく〝二次過程〟を確立しようとする。これはまったく、本質的な相違である。

医療のなかの精神分析臨床家

医療現場で働く精神分析臨床家は、上述してきた医療の目標と精神分析の目標の本質的な相違を、その内側に抱え込むことになる。まさに、矛盾を抱え、葛藤するのである。医療現場で働く精神分析臨床家は、この葛藤をどのように取り扱うべきなのだろうか。いや、この問いはおかしい。取り扱うべきかではなく、どのように取り扱うことができるだろうかである。私自身、医療に三十年以上かかわってきたし、その過程で試行錯誤してきた。

今日の医療が経済効率のよい苦痛の軽減を目指しているのであるから、医療現場で働く以上、精神分析臨床家も、その方向に協働することは必至である。私たちは症状の改善、治癒をめざして、ともに働く人たちと協働するのである。医療現場でともに働く人たちには、患者がよくなることを人生の励み・生きがいにしている人が多い。その人たちの思いを尊重することは大切なことである。連携することは、そのことから始まる。また、医療現場で医療職として私たちが認められるには、患者をよくする力量を私たちがもっていることが大きい。だから、その力をつけることは欠かせない。その力とは、私たち自身のあらゆる能力・美点、加えて私たちのもつあらゆる方法を治癒に向けて活用する力である。

しかしながら、私たちは精神分析臨床家であるので、「治癒は中間休止 *Caesura* である」ということも忘れてはならない。治癒は、医学の視点からみれば、病気と健康の分岐点である。しかしそれは人のこころにおいては、進展の途中の一地点にすぎない。それは、連続しているのである。だから、治癒で終わることは、こころに真に触れつづけることの回避である。それは医学的には望ましいのだろうが、こころにとっては不幸なことかもしれない、ということも忘れてはならない。

ある五十代はじめの男性は、職場の配置換えで新しい仕事に取り組まざるをえなかったが、彼にはそれがうまくいかず、激しい不安焦燥のため仕事に行けなくなった。その結果、産業医の紹介で精神科病院を受診し、私が診て入院治療を勧め、彼は同意して入院した。入院後、彼の不安と抑うつはみるみる改善し、落ち着いた。しばらく入院を続け、よい状態は維持された。外泊も繰り返し、自宅でも落ち着いており、退院が考えられた。すっかり元の元気な彼に戻ったのである。

彼のこれからを心配した家族の提案で、「彼がもう仕事をしなくてよい」ことを家族会議で決めよう、ということで彼は退院前の外泊をした。この外泊時の家族会議では彼が仕事をやめることで皆の意見は一致し、彼も納得し、皆、笑顔で別れた。元気な彼は、その足でデパートに出かけ、屋上から飛び降りて命を終えた。

私たちは、みずからが「精神分析の限定された構造で限定された方法を使う意思をもつ人間」であることも忘れてはならない。私たちは精神分析臨床家であることと精神科医療職であることを、みずからの意思で両立させねばならない。なぜなら、それを私たちが選んでいるからである。

具体例に目を向けてみよう。「病院の仕事が忙しくて、精神分析臨床に必要な正規の面接時間（五〇分間）が確保できない」と言う臨床家がいる。また別に、「その医療施設では面接は三〇分枠と決められている」と言う臨床家がいる。前者と後者ではまったく状況が異なる。

前者では、臨床家は医療施設の動きに流されている。みずからを医療施設のなかで精神分析臨床家として機能させる姿勢がもてていないだけである。一人分の仕事をやり、そのうえで残る時間を精神分析臨床に使うとよいのである。そんなことをしていたら、へとへとになるかもしれない。へとへとになりたくない人は、精神分析臨床から手を引いてよい。それだけのことである。たとえば、かつて私は、外来患者の心理療法なら昼休みや朝早く、入院患者であれば朝早くや就業時間後に、面接の時間をつくった。時間は、私たちの工夫や努力でつくれるのである。

しかし後者の場合はそうはいかない。施設の規則であれば、その変更は個人にはできない。例外を求めることはありえても、そこで働きつづける何らかの必要があるなら、従うのが現実原則である。ある時期、私は病院外来で一週間のうち一日の午後だけ精神分析的心理療法を持ちたいと上司に申し入れた。上司からは拒否された。私は辞めざるをえなかった。その次に働いたところでは、幸運にも、それは受け入れられた。

働いている施設にはプライバシーが保護される面接室がないという現状があるとしよう。そのときには、それを可能にする部屋を探して、面接のためのその使用許可をとることが方法になる。ロゼンフェルドが精神科病院で分析的な面接をしようとして見つけたのは、だだっ広い物置にされている部屋だった。彼はそこをいくらか片づけて心理療法を始めた。

心理療法の最中に電話がかかってきたり、その面接室に他の職員が入ってきたりするという問題もあろう。それが続くのは、精神分析的な面接の意義やそのための構造の重要性などを他の職員に説明する努力が不足しているのである。「精神分析をやっているのだ」とだけ独りよがりに主張するのは、自己愛的で、〝考えてコミュニケーションすること〟を欠いた〝一次過程〟の姿勢である。医療者として認められることが、精神分析臨床家として認められることに通じる。

いかに工夫しようとも、個人開業のオフィスでの設定のようには、施設のなかでは設定できないであろう。要は、医療施設のなかでの現実的な可能性を探り、見定め、それに向けて努力してみることである。

同僚のなかには、精神分析を嫌ったり批判的だったり、精神分析が偏った考えや在り方であると決めつける人たちもいるかもしれない。しかし、その人たちがどのような姿勢で精神医療に取り組んでいるのかは、同僚であるのなら垣間見えてくるであろう。そのとき尊敬に値する人の言うことには耳を傾けねばならない。しかし、それに値しない人の発言を気にすることはないだろう。それは、精神分析が批判されているのではなく、あなたの精神分析が批判されているのである。

苦痛の軽減という〈快感原則〉に従っている医療現場にも、現場ゆえの〈現実原則〉が成立しているはずである。質のよい医療現場では、ほんとうに患者のために働いている人は敬意をもって認められる。そして、患者に援助するお互いの立場を尊敬していこうとするし、自分だけ楽しようとしている人は見抜かれる。そうしたワーキング・グループのもつ現実的作業姿勢を見極め、そこに精神分析の方法を位置づける工夫が、やはり現実的になされねばならない。

それには、妥協・折衷・棲み分けも必要なところがある。医療で働く以上、苦痛の軽減のための仕事を受け持つことになる。ある種の折衷した治療的かかわりを導入するケースもあろう。棲み分けもあってよいだろう。たとえば、強迫ケースを行動療法家に頼むことは私にもあった。なによりまず、他の職員がやっていることはきちんとやって、自分のやりたいことをやるように工夫するのである。無駄は省かれねばならない。

精神分析の達成

現在の医療の水準では、精神分析的なアプローチでないと達成できない苦痛の軽減がある。精神分析に独自の改善もある。また、精神分析的なアプローチでないと「理解」も「かかわること」も困難な病態がある。精神分析からの理解は、すべての医療スタッフが患者やスタッフ間に起こっていることを理解するのに役に立つ。こうした利点は、医療で精神分析臨床を実践する根拠に充分になるものと私は考える。

もちろん、これらの達成は個々人でなされるものであり、個々人によって違うものである。そこにあなたの精神分析が問われているのである。

第一章　心理療法の基本——精神分析から帰納する

こころの変容の方法

心理療法の基本を語ろうとするとき、二つの手法が浮かぶ。一つは、これまでの経験から直観的に描き出す仕方である。もう一つは、経験から論理的に帰納していく仕方である。ここでは私は後者を選ぼう。私は医師としての三十年あまりの臨床経験において、心理療法として、精神分析療法・精神分析的心理療法を学び、実践してきた。それら以外の心理療法を本格的に学ぶことはしなかった。もちろん、その一方で精神科診療施設では、いわゆる一般診療もおこなってきた。そして現在、その臨床は完全に二分している。つまり、午後からは精神分析療法や精神分析的心理療法のみの個人施設での実践、午前中に働く精神科クリニックでは、来院する患者を順次診ていく薬物療法を併用する精神科外来診療、というように。ただ私が考えるところ、精神分析とは〝人を読む固有の視点〟であり〝こころの変容の方法〟である。私はもっぱらこの視点で（時に方法も使って）一般臨床もおこなっている。そこでの私の治療姿勢は「基本的な心理療法」に近いともいえそうである。

精神分析療法の基本

これから、精神分析療法にとって本質的なものを抽出していこう。まず顧みるに、精神分析療法は、そのアイデンティティをかたちづくる特有な《治療構造》と《治療技法》から成り立っている。

外的治療構造と内的治療構造

精神分析療法の《治療構造》は、小此木啓吾が述べたように[5]〈外面的治療構造〉と〈内面的治療構造〉という二側面に分けられる。ただ私自身は小此木とはいささか異なり、〈外的構造〉として、「場面の設定」「治療者 - 患者の空間的配置（対面法、仰臥法など）」「時間的構造（時間、回数など）」「治療契約（料金・解消法・守秘など）」という外的な治療環境にかかわる枠組みを位置づけ、一方〈内的構造〉には、精神分析臨床での治療者個人の内面的な枠組み——治療者のあり方における受身性、中立性、治療者としての分別、隠れ身、禁欲——を位置づけている。[4]

この外的／内的治療構造が確立されることで、精神分析の治療としての環境が整うことになる。別の表現をするなら、精神分析療法のための必要条件が準備されたことになる。そしてそこで、十分条件としての精神分析特有の《治療技法》が使用される。

治療技法

《治療技法》とは、患者にかかわる方法であり、はたらきかけ、変容をもたらす方法である。この技法も便宜的には、使用する身体器官によって二分される。すなわち〈耳の傾け方〉と〈口のはさみ方〉である。

耳の傾け方

〈耳の傾け方〉においては、「自由に漂う注意」(Freud, S.)や「無注意の注意」(前田重治)、「記憶なく、欲望なく、理解なく」(Bion, W.)というように、患者が伝えてくる無意識のコミュニケーションに触れる聴き方が活用される。

ただしそれだけではない。治療者は、患者が治療者に向けて出す言葉だけでなく、感情・フィーリング・空気を受け取って治療者のなかに滞在させ、味わう聴き方をする。今日、精神分析の各学派で「ホールディング *holding*」「コンテイニング *containing*」「共感 *empathy*」と呼ばれる態度である。しかしながらこのとき、治療者のなかでは、患者からの排出物だけでなく、治療者自身のなかに湧き上がってくる〈逆転移〉の感情や思考も味わわれるので、治療者の聴き方には「もの想い *reverie*」[1]という表現が最も似つかわしいと私は感じている。

口のはさみ方

〈口のはさみ方〉では、「解釈」が精神分析特有の技法である。解釈技法とは、患者が語っていることの無意識の考え、感情、欲望、空想などを治療者が言葉にして伝える介入方法である。

そのとき患者が精神分析空間に持ち込んでいる〈転移〉をとりあげる「転移解釈」が、精神分析療法では最も独自で効果的な解釈技法である。他にも「転移外解釈」や「再構成の解釈」、さらには「明確化」「直面化」「問い」も、患者にみずからの無意識に目を向けさせるための介入として、精神分析技法の範疇に入るものである。これらの精神分析技法が有効に活用されるためには、解釈の内容をつくりあげるだけでなく、言葉にして介入するタイミング、問合い、言葉づかい、情緒の負荷などが、スーパーヴィジョンや個人分析を受けるといった訓練をとおして、技法として丹念に精錬される必要がある。

　上述してきたことが、精神分析療法や精神分析的心理療法の実践における基本であると私は考えている。精神分析理論とは、《治療構造》や《治療技法》を構成するためのモデルである。

心理療法の基本

　精神分析療法の基本から心理療法の基本を帰納するなら、「構造と技法」という骨格はそのまま残るであろう。すなわち、実際心理療法はその学派によってさまざまな形態があり、厳密さにおいて幅があるとしても、それが心理療法であるかぎり、《治療構造》と《治療技法》という二面から成り立つことである。

心理療法の治療構造

　心理療法の基本は、用いることになる技法も考慮に入れて、《構造》を創ることから始まる。まず〈外的治療構造〉を構築することである。しかし多様な臨床施設を考えてみるなら、さまざまな制約のために、この構築が困難な場合が少なくない。むしろ、理想的な〈外的治療構造〉が構築できることは割合的にも低いのかもしれない。

　けれども、たとえ一般的な外来診察室においても、何らかの構造はそこに必然的に備わっているはずである。野原や雑踏の真っ只中で誰かと偶然に会っているのとは違っている。ゆえに大切なことは、その構造が建設的に構成されるものであるにしろ、あるいはすでに構成され提示されているものを受身的に使用することであるにしろ、治療者自身は、みずからが使用する《治療構造》が患者に直接及ぼす影響や、自分のなす心理療法にもたらす利点と限界を、認識しておくことであろう。追加するなら、《治療構造》には診察につく看護師や会話が聞こえる場所にいる事務スタッフといった人的素材が含まれ得ることも、感知しておくことである。

すなわち、ここに心理療法の基本のひとつがあると私は考える。心理療法は「人と人の出会い」に始まるが、それは〝その二人を取り巻く環境〟に大きく規定される。そのような環境や構造とその影響を、治療という側面からどこかで意識して治療に臨むという、配慮ある姿勢が持たれているべきである。この配慮が、治療者が患者個人を人として尊重しているという心理療法の原点を保持させてくれるのである。

続いて〈内的治療構造〉がある。治療者の在り方、あるいは心的姿勢と呼べるものである。精神分析は「受身性」や「中立性」をその重要な要素と位置づけているが、教育や指示的色彩の濃い心理療法ではアプローチはかなり異なっているだろうし、この内的構造も多彩であろう。

それでは、ここでは何が重要なことであり、心理療法の基本たり得るものなのであろうか。それは、治療者の在り方の「一貫性」と「恒常性」と思われる。「弾力性」や「柔軟さ」は考慮されるとしても、中軸にある姿勢が安易に変わらないことである。なぜなら、人と人の関係についての信頼の基盤がそこにあるからである。

いかなる心理療法においてもそうであろうと思えるのだが、精神分析療法においても、治療者の中立性や受身性、禁欲などの〈内的治療構造〉が損なわれそうになるときがある。そうしたときにこれらの分析的な在り方をただかたくなに維持しようとしたり、急いで修正しようとするのではなく、いま生じているこの危機のもつ意味を検討することこそが大切である。この検討をなすためには、治療者は揺れながらも、軸は保たれる在り方をしておく必要がある。そこに、治療者の姿勢の恒常的な一貫性があるのである。

心理療法の技法

《技法》という側面での基本をみてみる。

〈耳を傾ける〉ということは、あらゆる心理療法に共通している、治療者に不可欠な機能である。いかなる心理療法をおこなうにしても、聴かないことには、その患者にその心理療法を実施するための資料が得られないからである。

しかし、どこを聴くか、何に耳を傾けるのかは、心理療法によって異なるところであろう。だが、精神分析療法で「注意」ということばで表示されている、能動的に聴くという聴き方は共通していると思われる。ゆえに私は、本章では能動性が含意される〈耳を傾ける〉という表現を用いた。同様に受容的に聴くことも共通な聴き方であろう。「コンテイニング」や「もの想い」という精神分析での概念に含まれているものである。

そして、臨床経験を重ねた人にはわかるはずのことであるが、〈耳を傾ける〉という行為には、治療者が「耐える」という要素が含まれているのである。時として患者の話は聴いていて話を遮りたくなるほどに、治療者を不安にしたり、不快や苦痛、さらには怯えや怒りや憎しみさえももたらしうるものである。治療者は、それらの内なる感情にもちこたえて聴きつづけることをするのである。すなわち、受容的に耳を傾けることにもちこたえておくことが、心理療法のもう一つの基本であろう。

次に、言語性の介入、つまり〈口をはさむ〉という技法がある。

この治療者が語りかけようとすることの内容や姿勢も、心理療法によって千差万別であろう。しかし心理療法に共通して大切なのは「患者に確実に聴き取られる〈口のはさみ方〉をする」ことにあるのではないだろうか。それをなすのに、その内容の適切さやインパクトが重要であるのは確かなのだが、患者のこころのありようを推し量りながら、治療者の発言が受け容れられるタイミングをつかみ、語りかけることである。これは精神分析療法では、患者への「試みの同一化」[2][3]と呼ばれる心的作業によって、治療者が語ろうとすることが患者にはどのように聞こえるかを、患者の立場にみずからを置いてみて、その位置から吟味しながら語りかけていくというやり方である。また当然ながら、治療者のことばは、患者が理解できる日常語を使って、わかりやすく明瞭に、かつ穏やかに語りかけられる必要がある。

おそらく心理療法が含む治療作用仮説には、「治療者と患者が気持を分かちあえることは、患者に信頼やこころの安らぎをもたらす」とのことがあろう。その目的を達成するにおいて、最も貢献するものであるとともに最も阻むものが、この〈口をはさむ〉という行為なのである。ゆえに介入技法は、心理療法それぞれで独自の詳細な技法や技法論が展開されたのである。その目指すところを要約するなら、患者によって受け容れられる話し方をすることが、心理療法としての基本とされよう。

心理療法の原点

心理療法の原点は、乳幼児への母親や父親の「慈しみ」にあるように私には思える。それは、患者の精神病理がそこから派生してくるゆえの当然とも考えられるが、その心的困難を感知しようとする治療者がこころを砕く、その人への愛情と敬意ある関心が生み出す知的かつ情緒的作業の原点なのであろう。

心理療法を実践する人は、それがいかなる形態であろうとも、人への関心と問いをもつことが求められるのではないかと思われる。そしてそれは、スフィンクスとエディプスの出会いのように、その好奇心ゆえにどちらかが滅びてしまう可能性を含む危険なものである。だから私たちは、スフィンクスのように、答えられないエディプスを食べてしまおうとするようなこともせず、エディプスの答えに滅んでしまうこともない、人への愛情と敬意を根底に置く治療者の基本を身につけておくのである。

おわりに

ここでは私は精神分析療法から帰納して、心理療法の基礎として四つの要素を述べている。このうち、前者ふたつは、心理療法の《構造》における基礎であり、後者ふたつは《技法》における基礎である。

第一に、治療者は提供している〈外的治療構造（治療環境）〉が患者に直接及ぼす影響や、その構造が心理療法にもたらす利点と限界を、認識して治療に臨むことである。

第二は、〈内的治療構造〉である治療者の在り方において、一貫性と恒常性をもつことにある。

第三として、聴くという技法において、受容的に耳を傾けることにもちこたえておくことである。

最後に言語性の介入についてであるが、患者によって受け容れられる口のはさみ方をすることである。

文献

（1）Bion, W.（1962a）「思索についての理論」『メラニー・クライン トゥデイ②』E・B・スピリウス編／松木邦裕監訳〔岩崎学術出版社、一九九三年〕
（2）Casement, P.（1985）『患者から学ぶ――ウィニコットとビオンの臨床応用』松木邦裕訳〔岩崎学術出版社、一九九一年〕
（3）Casement, P.（2002）『あやまちから学ぶ――精神分析と心理療法での教義を超えて』松木邦裕監訳〔岩崎学術出版社、二〇〇四年〕
（4）松木邦裕〔二〇〇五年〕『私説 対象関係論的心理療法入門――精神分析的アプローチのすすめ』〔金剛出版〕
（5）小此木啓吾〔一九六四年〕『精神療法の理論と実際』〔医学書院〕

初出

「精神分析療法から帰納する精神療法の基本」『臨床精神医学』34-12〔二〇〇五年〕

Interactive Links

♣ *BEFORE this work ...*

ケースメント，P.（1985）『患者から学ぶ』松木邦裕訳〔岩崎学術出版社、1991 年〕

AFTER this work ... ♣

ケースメント，P.（2006）『人生から学ぶ』松木邦裕監訳／山田信訳〔岩崎学術出版社、2009 年〕

同じ著者による前者は、精神分析的心理療法を学ぼうとするビギナーの入門書として、さらには経験を積んだ精神分析臨床家にとっての有用な技法書として、英国でもっとも人気のある著書である。

後者は、その著者が分析臨床からの引退後に著したもので、こころの治療者の在り方の本質に触れるものである。なお、この二つの著作のあいだに『さらに患者から学ぶ』（1990 ——邦訳は 1995）、『あやまちから学ぶ』（2002 ——邦訳は 2004）があり、この四冊を読むことで、ひとりの精神分析家の成長過程を知る貴重な機会が得られる。

第二章　心理療法の新しい病態への適応

こころの障害の今日的な傾向

いわゆる神経症やパーソナリティ障害の範疇に含まれる「非精神病性精神疾患」の病態が変わってきている。たとえば摂食に異常がみられる人たちを見ても、かつての「思春期やせ症」「神経性無食欲症」と呼ばれた、周囲との情緒関係を断って頑なに自己愛的にやせを求める人たちは、いるにはいるのだが、一部に過ぎない。そしてこの人たちにも、頑固な拒食でやせつづけるという以前は典型であった病態はほとんど見られず、たやすく過食や自己誘発の嘔吐もしくは下剤乱用へと、病いのかたちを変容させている。[8]

アンビヴァレントから〝アヴォイダント〟へ

今日、さまざまなパーソナリティが「摂食の障害」を呈してきており、アズ・イフ・パーソナリティ、いわゆるヒステリー、分裂性のパーソナリティなど、それは広範にわたっている。不登校や出勤拒否で自宅にひきこもる人たちにも同様の傾向が認められる。そこにはやはり回避性、自己愛、ボーダーラインなど、さまざまなパーソナリティが認められる。

これらの最近の病態の変化には、ひとつの際立った特徴があると思われる。それは、「アンビヴァレント――葛藤のなかにいること（神経症）」から、「アヴォイダント――葛藤の回避（パーソナリティ障害）」へ、という心的態度の変化である。

現実原則から〝快感原則〟へ

私はこれらの変化を、現代社会では快感が容易に充足されることに拠っていると考えている。

現代は飽くなき快感追求の時代である。少なくともわが国の歴史においては、現代ほど物質的な欲求がたやすく満たされる時代はなかった。食・性・衣・住すべて、求めれば何らかの心地よいものはただちに一応は手に入るのである。そしてそれが是とされる。現代こそ〈快感原則〉の時代なのである。この文化では、〈現実原則〉という用語が含んだ、欲求充足のための辛抱のときという体験はたやすく省かれてしまう。

このことのみならず、ヴァーチュアル・リアリティ（仮想現実）ということばに表されているように、現実感覚そのものが、仮想体験によって置き換えられ、〈快感原則〉の表現形である「空想」と置換され得るような錯覚に揺さぶられている。機械操作でその空想世界に浸ってしまえば、そこでは、自分の思いを含む言葉も現実対象も必要とされない。今日私たちは、表では〈現実原則〉を強調しながら、実のところ文化のあらゆる面で、快感を追求し空想を現実化する「一次過程思索」を使う〈快感原則〉に沿う生き方を、ますます推し進めている。

快感追求のための〝行動優位〟の病理

こうした文化を背景においた結果、今日の「社会集団」というひとつのパーソナリティが秘める病理は、かつてとは異なったものになる。

　神経症という、葛藤をこころに抱いているゆえにそのアンビバレンスに苦しむ病態が影を潜め、ただちに行動で不快・苦痛を発散し快を充足しようとする――すなわち〈快感原則〉に従う――行動優位の「一次過程」思索を活用するパーソナリティ障害の病理が顕在化してくる。〈快感原則〉に従った〝アクション（あるいはアヴォイダンス）〟がその人を支配しているのである。

　自他への衝動的攻撃や破壊を繰り返すボーダーラインや摂食障害、誇大な自己愛パーソナリティなどが、快／不快の原則に従い欲動の抑制を欠いているとするなら、ひきこもりや傷つきやすい自己愛パーソナリティは、快感原則に従い、自宅など安全空間に留まる制止を活用し、そこで欲求充足や空想に浸っているといえるだろう。そして多重人格は、演劇風に現実外界を空想劇場に変え「一次過程」思索を多用する。いずれも、〝葛藤し考えること〟ではなく、発散・充足・制止という〝行動〟で葛藤を取り扱おうとしている。

精神分析的心理療法を適応するための理論モデル

　こうした現代に現れてきた病態に、私たちはどのようにアプローチできるのであろうか。アプローチしていくためには、起こっていることを理解するための新しいモデルが必要であろう。ここでは、英国精神分析からのふたつの理論モデルを紹介したい。

パーソナリティの病理構造体

　ひとつは、クライン派精神分析でのパーソナリティ構造についての見解である《病理構造体》あるいは《病

理的組織化 *pathological organization*》である。[5]

この理論は、そもそも自己愛患者の研究から発展してきた。[9,13,14] しかし今日では、自己愛、ボーダーライン、精神病、神経症、倒錯まで、多様な病態の理解に応用され、それまでの「自己愛構造体」という呼称から「病理構造体」と呼ばれるようになってきた。[15,17] パーソナリティとは、ある特徴的な行動や思考の展開をもたらすこころの機能の総称であり、それは内的対象関係、すなわち自己 *self* と対象 *objects* の性質、さらにそれらの交流のありように規定されているという、いわゆる対象関係論からのパーソナリティのモデルが前提にある。[6]

メラニー・クラインが提唱した乳児のこころの発達モデルから解説していこう。

生まれてまもない乳児は、破局的で苦痛な体験から生じる「解体・断片化」の感覚から自己を守るため、みずからの破壊・攻撃欲動を対象に投影し、その一方で、自己を**よいもの**で充たそうとする。その結果やがて、〈攻撃欲動を投影された〉**破壊的対象**から攻撃が自己に向かってくるという妄想的な「迫害不安」を体験するようになる。そして、それゆえに**よい自己**や**よい対象**を「迫害不安」から守るための心的活動を続ける。この時期を〈妄想‐分裂態勢〉と呼ぶ。妄想性の迫害不安、スプリッティングや投影同一化、原始的理想化という分裂機制の活用、分裂している部分対象関係というコンステレーションから成り立っている。この〈妄想‐分裂態勢〉の病理は、統合失調症、パラノイアといった精神病状態において顕わになる。

その後、**よい自己**の安定や自我機能の成熟によって、投影していた攻撃欲動やそれを含む**破壊的自己**を取り戻そうとする動きが起きてくる。分かれていた自己や対象がひとつのまとまった自己ならびに対象として統合されていく動きである。これは**よい自己**に「かつて破壊的な**わるい対象**として報復的に攻撃していた対象は、**よい対象**の一部分であった」との気づきをもたらし、対象への罪悪感——あるいは「傷つけ失ってしまった」という悲哀感・喪失感――をもたらし、自己は絶望的でアンビヴァレントなこころの痛みを味わうことになる。これが「抑うつ不安」である。そして、このこころの状況を〈抑うつ態勢〉と呼ぶ。この抑うつ感情をそらさず味わい、心的事実に直面しつづけることこそが、こころの成熟をもたらす。乳児においては、離乳がこの体験のピークとなる。なお〈抑うつ態勢〉の病理は、うつ病、神経症に見られる。

それでは、《病理構造体》ではどのような心的状況が起こっているのだろうか。

自己も対象も統合されていない。自己は、**よい対象**との依存的なつながりを求め現実吟味を優先する**よい自己**と、快感志向の**誇大的で破壊的な自己**にスプリットしている。対象も、**よい対象**と**破壊的対象**にスプリットしている。ここまでは〈妄想‐分裂態勢〉での対象世界と同じである。つまり、このままでは「迫害不安」に圧倒される精神病状態――解体――に至ってしまうことが危惧される。そこで、その回避のため、**破壊的自己**部分が「理想化」され「万能化」してくる。その結果、**破壊的自己**部分が強大化し、攻撃的な対象と自己愛的に融合したひとつのパーソナリティとして機能する部分を作り出す。これが《病理構造体》である。病理構造体は「迫害不安」から**よい自己**を保護してくれるので、平和で支持的なようであるが、実際は、快感志向の万能的破壊欲動を含んでいる。このため、**よい自己**が「喪の仕事」を通して統合に向かう〈抑うつ態勢〉をとることを妨げる。

つまり《病理構造体》は、〈妄想‐分裂態勢〉と〈抑うつ態勢〉との中間状態を維持的に構造化しているものでもある。それは、自己が統合されており安定があるかのようなパーソナリティを思わせる。実際には、それは「偽りの統合」である。**よい自己**は〈抑うつ不安〉の苦痛からはひきこもっており、《病理構造体》から倒錯的に快感を供給され、構造体のサディスティックな攻撃性に怯えながらも、〈迫害不安〉から守られていることにマゾキスティックにしがみついているのである。表だった精神病状態にはならないが、健康な発達にも向かうことができない。[16]

パーソナリティの病理の性質は、《病理構造体》がどのように組織化されているかに拠っている。あるパーソナリティにおいては、万能的で自己愛的な面が強く、別のパーソナリティでは倒錯的な面が、さらに別のパーソナリティではひきこもりが強いことにもなる。こうして、明瞭に精神病ではないが、典型的な神経症でもない、最近のさまざまなパーソナリティ障害の病理の理解に、パーソナリティの病理構造体モデルは活用できる。

Kリンク

《Kリンク》というモデルは、W・ビオン[1,2,3]が検討した「対象とのつながりの性質」を表した理論モデルである。E・オーショウネスイ[10,11]、R・リーゼンバーグ・マルコム[12]、J&M・シミントンら[18]は、今日の臨床におけるそのモデルの有用性を確認している。

S・フロイトはヒステリー研究を通して、個人の対象とのつながりはリビドーという心的性欲動エネルギーに支配されていると考えた。すなわち、みずからの性欲動充足のために対象を求めると考えたのである。しかしその後、W・R・D・フェアバーン*(1952)*は、リビドーは対象希求であるとして、みずからの欲動充足のためではなく、個人には対象を希求する心性がそもそも備わっているのだと理解した。フェアバーンの考えはJ・F・マスターソンらによってボーダーライン・パーソナリティ理解に活用された。ビオンの考えは後者に近い。

ビオンは、対象とのつながりは、個人に先験的前概念として備わっており、こころには〝真実を希求する動き〟があると考えた。ここでビオンは「理性」と「情動」という区分をやめ、「真の知識を求めるこころの動きは情動的な活動である」ととらえ、真の知識を得ることでこころは健康に発達するが、偽りの知識を得ていくと、こころの栄養失調――ひいてはこころの死（精神病的崩壊）――に至ると考えた。

この〝真の知識を求める対象との情動的なつながり〟をビオンは記号化し〈K *Knowing*〉としている。しかし、私たちがもつつながりは〈K〉のみではない。ビオンは他に、〈L *Love*〉〈H *Hate*〉〈ノーK *no K*〉〈マイナスK *minus K*〉を挙げている。

これらについて解説してみる。〈L〉は対象との愛情のつながりである。精神分析的心理療法過程で生じてくる転移性恋愛が、そのよいモデルであろう。治療はその患者がみずからの事実についての真の理解を深めることを目的とされていたにもかかわらず、「治療者が自分を愛しているか、恋愛が成就するか」が治療の主題に成り代わってしまう。ここでは二者間のつながりは「愛情」に覆われ、〈K〉が〈L〉に取って代わられている。

〈H〉は憎しみで、治療のなかでの陰性反応と呼ばれる患者の態度に見出しやすい。ある摂食障害女性との治療において、彼女は盗み食いや嘔吐を隠して、なにも異常はないかのような入院生活を送っていた。治療者がこれらの事実を明るみに出したとき、彼女は事実を認めることを拒否し、治療者をののしり罵倒した。〈K〉が〈H〉に取って代わられたのだった。良好な治療関係が急激に憎しみのつながりに変わることは、ボーダーラインと呼ばれる人たちとの治療で私たちが日常的に体験するところである。

〈ノーK〉とはいわば無知の状態である。これは、自我が断片化し機能を失っている精神病の昏迷状態にひとつの典型をみることができる。しかし心理療法においての〈ノーK〉は、こころのひきこもりにみることができる。そこに事実が示されているにもかかわらず、患者はそれを知ろうとしない。その事実を受け入れ葛藤するよりも、無知にひきこもる。こころを空《から》にする。自己愛患者は、現実吟味を求められているときに、万能空想にひきこもる。

〈マイナスK〉はある意味で〈ノーK〉よりも悪性である。事実を偽りの知識で覆ってしまう関係のもち方である。その典型は、反社会的傾向の強いパーソナリティ障害、非行や犯罪者にみられる。たとえば摂食障害の患者は「やせやダイエットは、若い女性なら誰でも求めることだ」と主張し、患者の特有の病的心理を覆い隠す。あるいは過食を悪者にし嘔吐について「スッキリしてよい」と、病的ふるまいを正当化する。そして患者のこの考えこそが正しいのだと、周りの人たちに受け入れさせようとする。

こうした《Kリンク》モデルによって、私たちは健康なこころのあり方のモデルを得た。こころは真の知識を必要とし、情緒的に求めている。だが、こころの病いにおいては歪んだ情緒的リンクが活動し、こころを貧困にしているのである。

私たちは精神分析的心理療法の実践において〈転移〉を重要視してきた。それは転移性恋愛や陰性転移という用語にあるように、二者のリンクにおける〈L〉や〈H〉に注目してきたのである。しかし「健康なつながり」としての〈K〉——その病的リンクとしての〈ノーK〉〈マイナスK〉——を視野に入れることで、患者理解が広がってくる。ひきこもりや行動化（破壊的な）という最近目立ってきている病態を、こころの在り方として理解していく視点がここに得られる。

適応のための技法

治療セッティング

精神分析的心理療法は「外来治療」の形態がその基本である。しかし、摂食障害やひきこもり、家庭内暴力などで、通院が困難であったり、家庭では家族が患者に対応できないために危険な状況が生じてくるときには、「入院治療」を設定して精神分析的心理療法を継続することも必要になる。また、治療関係が表面的で深まらないケースにも、入院治療の期間を設けることが必要なときもある。[8]

こうしたケースなので、入院は、治療者・家族・患者全員の同意のもとでの、患者の自発的な行為であることが望ましい。つまり、医療保護入院のような、治療者が治療をまる抱えする入院形態を採ると、患者はみずからの問題として入院生活や治療を扱おうとせず、「治療者側だけが治療をしていく」というような態度で、治療を無視したりひきこもって、不必要な行動化――〈ノーK〉のための「こころの排泄行為」――が頻発しやすくなる。患者みずからが入院を決めることによって、入院生活での振舞いに患者自身が責任をもつという「病的な自己部分を直視する自我の機能」を保つことになるのである。この展開には治療者の根気が必要である。

入院病棟は、基本的には開放病棟が好ましいが、摂食障害で自発嘔吐や隠れ食い、隠れた下剤乱用など、みずからの病理を隠そうとする病態（〈マイナスK〉）や自己愛やボーダーラインで過度に攻撃的であまりに周囲を混乱させる病態（〈H〉）の場合には、閉鎖病棟のような限界設定のある堅い枠組みが好ましいときもある。しかしこの場合も、家族も同意した患者本人の自発的な入院に導くことが大切である。

入院期間は個々のケースによるが、基本的には入院は全治療のひとつの過程に過ぎないことを、治療者は認識しておく必要がある。経験的には、私は半年あたりを目途に置いているが、一年を超えるケースは、治療の戦略そのものが問題である場合が多い。患者にとっても、入院が「二次利得」を産み出し、現実からのひきこもりが強化されやすくなる。

面接技法

それでは最後に、精神分析的心理療法における面接技法の要点を整理しておこう。

①**葛藤できる自己部分とふれあう**　ひきこもっているような、葛藤を表さない患者（〈ノーK〉）、あるいは問題行動を頻発するためその対応に時間が費やされてしまう患者（〈マイナスK〉や〈H〉）では、治療は、治療者だけが患者の病理を考えたり指摘して、患者はただ受け身的に面接時間を過ごしていることになりかねない。ゆえに私たちは面接において、そのとき患者のスプリットしているパーソナリティ（自己）のどの部分とコミュニケートしているかを見分けるようこころがける必要がある。特に、表に出てはいないが葛藤を体験できる患者の「依存的自己」部分と積極的にふれあう工夫をしていかねばならない。

②**コミュニケーションの性質をつかむ**　そこではそれぞれの自己部分とのコミュニケーションの性質をつかむことも求められる。〈K〉あるいは〈マイナスK〉〈ノーK〉〈L〉〈H〉である。

③**逆転移の活用**　患者とのコミュニケーションの理解のためには、治療者の〈逆転移〉をモニターしておくことが大切である。患者が投影してくるものの受け皿としての〈逆転移〉という視点を保つことで、〈転移〉のダイナミックスをより正確に、かつ細かくとらえることが出来てくる。[7]

④**解釈の経過をみる**　患者に与える解釈についても、解釈を与えたあとに、患者のどの部分がどのように解釈を取り扱っているかをみていく必要がある。《病理構造体》によるいわゆる「知性化」によって解釈が無意味なものや都合のよいものに変えられてしまうことに、注意を怠らないようにすべきである。

⑤**エナクトメントへの注目**　近年注目されてきている微妙なエナクトメント（アクティング・イン——治療場面でのアクティング・アウト）の問題がある。治療場面で言葉の交流がなされているようで、実際には内的対象との関係の実演が繰り返されているに過ぎない状況である。ここでも、〈逆転移〉を踏まえて〈転移〉の全体状況をつかむ姿勢が求められる。[4]

⑥**自己愛への配慮をする**　介入に際しては、内容解釈あるいは転移解釈にもちこたえ得る患者かそうでない患者かを、見分けておくことも必要である。傷つきやすくひきこもる——いわゆる薄皮の——患者には、治療

者が共感・傾聴を根気よく続けることが求められる。一方、万能感を撒き散らしがちな――いわゆる厚皮の――患者では、積極的な解釈が、葛藤を体験できる**よい自己**との同盟を維持するために必要である。[14]

⑦陰性治療反応へのこころがけ　陰性治療反応や激しいアクティング・アウトに戸惑いすぎないことも、重要なポイントである。患者の思索や葛藤への根深い嫌悪が、治療を上下関係での力比べととらえ治療成果を無価値なものとするために、進んでいた治療が台無しになったような陰性治療反応を引き起こすことも少なくない。このとき、陰性反応の原因をきちんと見定め、事態に振り回されないようこころがける必要がある。

今日私たちには、患者の言語活動を含めたあらゆる振舞いを〈一次過程〉思索の活動と見直す視点と技法が求められているようである。

おわりに

ここで最近の精神分析におけるすべての新しい知見を網羅することは、それ自体が困難であるのみでなく、私たちの日々の臨床活動への応用にもつながらない。

そこで本章では、最近の病態をひとつの精神分析的視点から見定め、その現象をより深く理解するための英国精神分析からの治療に関わるふたつのモデルを提示し、その解説とそれに基づく精神分析的心理療法での治療技法について述べてみた。

私たちの精神分析的臨床の本質は変わっていないが、ある部分の変容は常に時代に従うものである。それをここに示している。

文献

(1) Bion, W. (1962a)「思索についての理論」『**メラニー・クライン トゥデイ②**』E・B・スピリウス編／松木邦裕監訳〔岩崎学術出版社、一九九三年〕

(2) Bion, W. (1961b): *Learning from Experience.*『精神分析の方法Ⅰ』福本修訳〔法政大学出版局、一九九九年〕

(3) Bion, W. (1962): *Elements of Psycho-Analysis.*『精神分析の方法Ⅰ』福本修訳〔法政大学出版局、一九九九年〕

(4) Joseph, B (1997): *The Pursuit of Insight and PsychicChange. Symposium: Psychic Structure and Psychic Change.* UCL.

(5) 松木邦裕〔一九九〇年〕「クライン派精神分析における人格病理、とりわけ人格の中の心的構造体についての研究の展開」『精神分析研究』34-2.

(6) 松木邦裕〔一九九六年〕『**対象関係論を学ぶ——クライン派精神分析入門**』〔岩崎学術出版社〕

(7) 松木邦裕〔一九九七年〕「人格障害とのかかわりでの逆転移」『現代のエスプリ 別冊 人格障害』〔至文堂〕

(8) 松木邦裕〔一九九七年〕『**摂食障害の治療技法——対象関係論からのアプローチ**』〔金剛出版〕

(9) Meltzer, D. (1968)「恐怖、迫害、恐れ——妄想性不安の解析」『**メラニー・クライン トゥデイ②**』E・B・スピリウス編／松木邦裕監訳〔岩崎学術出版社、一九九三年〕

(10) O'Shaughnessy, E. (1981)「ビオンの思索についての理論と子ども分析での新しい技法」『**メラニー・クライン トゥデイ③**』E・B・スピリウス編／松木邦裕監訳〔岩崎学術出版社、二〇〇〇年〕

(11) O'Shaughnessy, E. (1992)「精神病——奇怪な世界での思考作用の欠如」『**クラインとビオンの臨床講義**』R・アンダーソン編／小此木啓吾監訳〔岩崎学術出版社、一九九六年〕

(12) Riesenberg Malcolm, R. (1990)「かのように——学ばないという現象」『**クラインとビオンの臨床講義**』R・アンダーソン編／小此木啓吾訳〔岩崎学術出版社、一九九六年〕

(13) Rosenfeld, H. (1971)「生と死の本能についての精神分析理論への臨床からの接近」『**メラニー・クライン トゥデイ②**』E・B・スピリウス編／松木邦裕監訳〔岩崎学術出版社、一九九三年〕

(14) Rosenfeld, H. (1987): *Impasse and Interpretation.* Tavistock Publications, London.

(15) Spillius E.B. (Ed) (1988)『**メラニー・クライン トゥデイ①②**』E・B・スピリウス編／松木邦裕監訳〔岩崎学術出版社、一九九三年〕

(16) Steiner, J. (1978)「病理構造体と妄想-分裂態勢、抑うつ態勢の相互作用」『**メラニー・クライン トゥデイ②**』E・

B・スピリウス編／松木邦裕監訳〔岩崎学術出版社、一九九三年〕
(17) Steiner, J. (1993)『こころの退避——精神病・神経症・境界例患者の病理的組織化』衣笠隆幸監訳〔岩崎学術出版社、一九九七年〕
(18) Symington, J. & N. (1996): *The Clinical Thinking of Wilfred Bion*. Routledge, London.

初 出
「精神分析的精神療法の最近の病態に対する適応」『臨床精神医学』27-8〔一九九八年〕

Interactive Links

♣ *BEFORE this work ...*

フロイト, S. (1911)**「精神現象の二原則に関する定式」**

『フロイト著作集 6』〔人文書院、1970 年〕

こころの活動における基本原則を簡潔に述べている。精神分析的メタサイコロジィの本質にかかわる、短いが最重要な論文である。ただし、重要な脚注が誤訳されているため、その部分は英語、もしくはドイツ語の文章で補わなければならない。あるいは、下記 *AFTER this work...* に挙げている私の論文のなかに、その邦訳を入れている。

AFTER this work ... ♣

松木邦裕「フロイト『精神現象の二原則』論文を読む、再々読む、そして考える」

『精神分析研究』Vol.49(1), 10-16, 2005

フロイトの「二原則」論文についての私的な理解を提示したものである。ここには、この論文からのビオンとウィニコットの重要な展開についても触れている。

第三章　心理療法の適応と技法

変わりつつある医療現場

近年の医療現場における変化は、精神分析領域・精神科医療のどちらにおいても小さなものではない。まず精神分析領域では、日本精神分析協会で、国際基準に沿った精神分析療法とその訓練システムが確立された。すなわち「精神分析療法」とは、五〇分間の分析セッションを週に四回／四日以上もつ治療構造のものを呼び、それよりセッション回数の少ないものは「精神分析的心理療法」もしくは広く「力動的心理療法」と呼ばれる。これまでわが国では「精神分析療法」という用語を、精神分析の考えや技法に基づいた週一、二回で構造化された面接治療にあてはめていたが、今日の精神科医療の枠でなされる精神分析的治療は、「精神分析的心理療法」と呼ばれるものがほとんどである。

また、精神科治療では著変が認められる。伝統医学的疾病一元論を放棄したＤＳＭ診断基準の興隆と並んで、副作用が軽減されたＳＳＲＩ、非定型抗精神病薬の出現、さらにはインターネットの普及で誰もが情報を迅速かつ豊富に入手できることもあり、患者が訴える（もしくは表す）症状それぞれに合わせて精神科医が各種薬剤を処方するという「精神科診療のファーストフード・ショップ化（あるいはドラッグ・ストア化）」という事態が発生している。また、医療経済抑制論に基づく「入院期間の短縮」が顕著になっているため、精神科での入院治療は、急性症状の鎮静か、現実場面での心的苦痛や不適応からの一時的な退避に使われるにすぎなくなり、パーソナリティの回復にはたらきかける入院治療ができなくなってきている。

これらの精神医療現場での大きな変化が、精神分析的心理療法に及ぼす影響は避けられない。

病態の変化

それと同時に、前章でも述べたごとく「病態」そのものも変化している。

精神科疾患における病態は、その個人の精神機能の歪みや心的葛藤とその個人を取り巻く社会文化環境との合作である。ゆえに病態は時代の動きとともに変化していく。今日のわが国の文化は快楽を追求する〈快感原則〉が一層優勢になっており、考えることよりも行動が優先される精神の「一次過程」が優位になっている。また、情報が未曾有なほどに交換され、共有されている。このため、知識の表面的活用による「症状の取り入れや公開（劇的掲示）」が盛んになっている。

こうした背景をもとに、臨床場面でみられる今日の病態には、以下の特徴がある。
①うつ病・うつ状態の蔓延　「うつ」「おちこむ」「こころのかぜ」といった抑うつ心性を表現する言葉の日常化とともに、「心的外傷」概念の普及によって、対人葛藤からの自己愛的退却が社会的に肯定されるようになったことも関係しているようである。
②神経症の減少とパーソナリティ障害の増加　こころに悩みを抱えて葛藤する神経症状態は減り、こころの葛藤・

苦痛を衝動的刹那的な行動で発散（排出）するか、快感行動で消そうとする行動優位、すなわち診断としてのパーソナリティ障害で病態が表現されてきている。

③ひきこもり、家庭内暴力と自傷や過食、解離の増加　上述したあり方の現代的形態である。対人関係での葛藤を避け、当の個人内（もしくは親密な関係のみ）での〈快／不快原則〉に基づいた行動で心的葛藤が対処されるだけの、対人回避を保護しうる経済的に豊かな社会環境が背景にある。

④ヒステリーの拡散　ヒステリーという対象希求の強い特異なパーソナリティの在り方が、精神医学で見向かれなくなった。そのため、多岐にわたる症状レベルのみで認知される。そのような現状がある。

⑤統合失調症の非神経症状化　かつてのようには急性期症状に昏迷や緊張病状態、強い精神運動興奮が見られなくなってきている。対話が維持される精神病状態が増えている。

精神分析的心理療法の適応拡大

周知のように精神分析による治療は、S・フロイトによって、転換症状や解離・幻覚・抑うつなどを示すヒステリーの治療から始まったが、すぐに、強迫・恐怖・不安といった神経症一般の治療に適応対象を広げていった。そして一九四〇・五〇年代には統合失調症や躁うつ病への分析治療が積極的に試みられ、一九七〇年代には自閉症への分析治療が始められる[9]など、重症精神疾患へと適応対象を広げていった。

今日、精神病の治療では薬物療法が中軸に置かれることはいうまでもない。しかし統合失調症や躁うつ病の精神分析的心理療法を、健康な自我機能の強化や自己 *self* の精神病部分の認識による再燃や増悪を防ぐのに有効な手立てとして実践している治療者もいる。[4]また近年、自閉症児や被虐待児への分析的治療を積極的におこなっている治療者もいる。[1] 精神遅滞への精神分析的アプローチも、一九八〇年代から手がつけられ始めていたが、今日少しずつ広がりを見せている。

しかしここでは、精神分析的心理療法でのもっと一般的な傾向を述べていこう。

一九七〇年前後よりO・カンバーグ[3]、J・F・マスターソン[5]を代表として、いわゆる境界例（ボーダーライン）パーソナリティの精神分析的心理療法が盛んになった。すでに精神分析は治療技法の精密化に伴って、症状の軽減よりもパーソナリティの変容をその治療目標にするようになっていたので、神経症と精神病の中間領域に位置づけられていたボーダーラインの治療は、その必然の帰結であったともいえる。精神分析は、内的対象世界といったパーソナリティ構成物の変容をめざす治療として位置づけられていた。

しかるに今日、DSM（米国精神医学での診断基準）の興隆によって、それまでボーダーライン・パーソナリティ、スキゾイド、さらにはヒステリーなどと見立てられていたパーソナリティ水準のエンティティが拡散されてしまった。それらはDSM診断ではパーソナリティ障害の妄想性、スキゾイド、スキゾタイパル、反社会性、境界性、演技性、自己愛性、回避性、依存性、強迫性、抑うつ性といった表面の病態水準に分けられてしまっている。つまり、ヒステリーや境界例、スキゾイド・パーソナリティ、自己愛障害を治療対象として洗練されてきた精神分析的心理療法は、今日、広くDSMでいう「パーソナリティ障害」の治療としてその治療手法が活用されている。

であるから、精神分析的心理療法はその適応を「パーソナリティ障害」全般に広げていったという見方もできないわけではない。けれども基本的には、パーソナリティ障害でありながらも、葛藤や不安をこころに保持しようとしている人たちに精神分析的心理療法は適応される、との原則の点からは、治療適応は二十世紀初頭からの歴史的な変遷での治療適応対象をそのまま維持しているといえよう。すなわち、精神分析的パーソナリティ診断においてはその適応対象は変わっていない。言い換えれば、精神分析的心理療法をおこなうに際しては、DSM診断を離れて精神分析的パーソナリティ診断をしておくことがその前提である。

しかし、そうした患者が自傷や過食・嘔吐、ひきこもり、解離といった今日的症状をそなえていて、かつての「境界例」や「自己愛」と呼ばれていたパーソナリティ障害とは症状の質と量を変えていることも確かである。また、抑うつ症状やパニック症状を主訴に受診してくる患者には、それらの症状は薬物によっていくらか軽減されても、その背景に「自己愛」や「スキゾイド」「ヒステリー性」といったパーソナリティの深刻な問題を抱えるケースが多い。

こうした今日増えてきているパーソナリティ障害と診断されるケース、すなわち「心的葛藤をこころに保持しながらその解決を試みるより、さまざまな衝動的刹那的行動・行為によって発散、もしくは消去とようとする行動優位になりがちな在り方」に、精神分析的心理療法は対処せざるを得なくなっている。このため治療的活用には、技法の今日的修正も必要とされている。

治療技法の修正

精神分析的心理療法とは、もともと〝知ること〟を目指す精神分析療法を修正した、いわば〝治ること〟を達成するために簡便化したものである。だが、それでもやはり、こころの無意識の深層にアプローチしていくことでパーソナリティにはたらきかけようとするものであるから、技法の大きな変更はありえない。しかしながら、〝治ること〟を目指している以上、病態の現代的変化とそれを改善し社会的機能の向上をめざすという時代のニーズに合わせた今日的修正が絶えず必要とされるものでもある。

パーソナリティ障害への精神分析的アプローチでの今日の修正の傾向を挙げてみよう。

マネージメント的介入の必要性と強化

昨今は、病的破壊行動や刹那的欲求充足に走りやすく心理療法関係が中断しがちな患者に対処する必要が出ている。そこで精神分析的心理療法の治療面接そのものを安定して維持するため、治療セッション内外での患者の病的行動を枠づけし、対処制御を図るマネージメント的な介入が必要な場合が増えている。

すでに述べてきたように患者の欲求不満耐性が下がり衝動性が高まっていること（神経症のパーソナリティ障害化[7]）に加えて、家族や社会との強いつながりが失われていることから、心理療法構造そのものを保存維持するための治療者の介入が必要とされるのである。精神医学的には「マネージメント」と表現されようが、分析的には「治療面接構造をホールディングしておく役割」を担うことである。

つまり、治療者が破壊的行動化を抑制するための明確な限界設定を示すことや、指示・助言・教育といった現実的な対処にかかわる介入をおこなうこと、自殺企図や暴力、性的逸脱行為などの危機的状況での積極的介入であり、そうした危機には家族その他の関係者、さらには看護、ソーシャルワーカーなどの医療関係者との面接・連携を積極的に図ることである。これらのマネージメントは、パーソナリティ障害の治療初期における行動優位な在り方に対処しつつ、治療協同をつくりあげる過程が必要なときに、また重症のパーソナリティ障害においては、その全治療経過に必要とされる。[13]

マネージメントの問題には「A－Tスプリット」という、マネージメントのための管理医と心理療法担当者を分けた治療構造で臨むことが理想的かもしれない。しかし、摂食障害や自殺願望症例のような生命危機が予測される症例や行動化の実状が曖昧にされやすい解離や自己愛、反社会傾向の強い症例といった、常に行動・行為が顕在症状をなしているケースにおいては、心理療法担当者も行動の問題を現実的にすばやく認識できることが、治療全体がまとまりをもって有機的に進められるために必要なのである。この種のパーソナリティ障害では「行動」が主なパーソナリティ症状の表在化として治療者の視野に入っていることが治療に欠かせない。ゆえに、心理療法担当者がマネージメントを兼ねることは、臨床の実状に合う面がある。

ここで大切なことは、この両面でかかわる治療者が「マネージメント面ではたらきかける際のみずからの現実的介入が、患者の無意識的空想には（心的事実としては）どのように認識されるか」を把握するよう努めることである。そうした外界現実と内的現実についての治療者の両眼視が、マネージメントを兼ねた精神分析的心理療法を治療者が保持していくためには不可欠である。成田らのボーダーラインの個人心理療法についての検索によれば、心理療法治療者のマネージメント的関与には幅がある。しかし破壊‐攻撃性への「限界設定」の必要性は共通して指摘されている。[10]

このようなマネージメントという現実的対処を視野に入れる治療者の位置づけは、分析的治療に不可欠な〈転移〉の純正化とその分析的取り扱いに限界をもたらす。ここに精神分析的心理療法の限界がある。〈転移〉の取り扱いに重点を置く治療を維持するには、精神科医はマネージメントを業務とし、毎日分析をおこなう専門家の精神分析療法に導入することであろう。

逆転移の活用と関係性の重視

精神分析においては、面接場面での治療者‐患者関係がこれまで以上に重視されるようになっている。そしてそこでの非言語的交流（特に患者の行為やそれに対応する治療者の行為と内的反応）に患者の内的世界、内的自己‐対象関係の本質が表出されているとの理解が共有されてきている。

ゆえに、患者の語る連想から〈転移〉を読みとろうとするだけでなく、治療の場での二人の関係性全体が患者の内的世界をそのまま〈実演／エナクトメント *enactment*〉しているものと理解して、それを解釈する技法が注目されている。すなわち、いま‐ここでの関係において患者の自己と内的対象の関係が現実化されているのであるから、患者のもたらす〈転移〉と治療者に生じる〈逆転移〉がつながりをもつ、ひとつの〝ユニット〟あるいはひとつの〝マトリクス〟の上に活動しているものとしてみるのである。だから治療者は〈転移〉を把握しようとするだけではなく、みずからの〈逆転移〉を、患者のパーソナリティ（対象関係）を理解するための道具として常にモニターしておく必要がある。さらには普段から、その〈逆転移〉を〈転移〉体験と照合していく必要がある。[6][8]

これらには、精神分析治療における治療者の「中立性」や「受身性」を、固定された不変の治療態度として教義的にとらえるのではなく、その患者のもつ関係性や内的対象関係の本質をつかむための可動性を有する座標軸として捉える視点の変換が含まれている。

共感の重視

近年、パーソナリティ障害の治療においては、いわゆる「治療協同」を積極的に確立することが重要視されてきたこと、さらには「心的外傷起因説」が力をもってきたこともあり、精神分析的心理療法においても、治療者が患者への〈共感〉をより能動的に表すことが肯定されてきている。[11]すなわち、患者の体験に積極的に〈共感〉を向ける、支持的アプローチを組み合わせる（特に暴力や自殺企図・自傷行為といった危機状況では治療者は普段の面接より柔軟な対応をおこなう）というように、治療者のこれまで以上の能動的関与が有用とされている。

これは分析的には「陽性転移の強化」といえるはたらきかけである。そこには陰性反応（すなわち治療破壊的行動化）への対処が意図されている。ただ、ここで治療者は、陽性転移の強化がもたらす弊害——治療者の理想化、スプリットの強化、性愛化、治療者自身の逆転移性行動化——などにも充分に注意しておくべきである。

薬物療法との共存

うつ状態や不安に対処する薬物が今日ほど開発され使われる時代はかつてなかった。そしてこの傾向は、進むことはあっても戻ることはない。もはや精神科医療においては、症状の軽減のための薬物治療は不可欠なものになっている。このため精神科領域での精神分析的心理療法は、症状軽減のための薬物の併用のもとになされるのが一般的になっている。[2] また薬物は、前述した「マネージメント」の手技としても活用される。[12][13] 今日、精神科医療の現場では、治療者は向精神薬の処方をしながら心理療法をおこなっているのが現状である。

このことから、心理療法をおこなう治療者は、処方している薬物の薬理作用による患者のこころへの影響の変遷をつかんでおくとともに、与薬（処方）と服薬という〝交流行為〟が患者のこころに及ぼすところ——とりわけ無意識の意味——をこれまで以上に細やかに把握しておくことが求められる。

その他

①多治療技法の併用　医療経済事情から派生した入院治療期間の短縮とともに、特に入院治療の現場では短期間の症状改善を目指して、さまざまな治療法が併用されてきている。このため精神分析的心理療法だけの治療が患者やその家族から充分な理解を得られるとは限らない。また、パーソナリティの変容をターゲットにしたときには長い治療期間が必要であり、その間に患者はさまざまな代替治療を試みることも少なくない。時代の現実から、ある程度はそれらを容認しながら心理療法は進められることにならざるを得ない。しかし心理療法治療者は、その行動の〝無意識的意味〟をつかんでおくことが重要である。

②治療時間の短縮　保険診療のもとでの精神分析的心理療法の実践として、時間の短縮は現実的な試みとし

てなされている。一般に四五分間ないし五〇分間とされる治療セッションを、三〇分間やそれ以下でおこなう試みである。しかし実際には時間短縮セッションでは、精神分析的心理療法に充分熟練した治療者が実施する場合でなければ、効果は期待しがたい。

おわりに

現代は向精神薬の開発が進み、かつてに比べると精神症状の軽減は得られやすくなっている。しかし背後にあるパーソナリティから派生するその人のあり方が修正されないことには、本質的な改善や再発の防止はいまだ不可能である。その対応に認知行動療法も多く活用されてきているが、治療者の技術的未熟さもあって表面的な対処に終始していることも少なくない。患者自身がみずからのあり方にじっくり向かい合う機会として、精神分析的心理療法は欠かせない。そして実際、心理治療を求める患者は増えてきている。

しかし、実効ある精神分析的心理療法を身につけるためには、指導者のもとでの適切なトレーニングを積むことが必要であり、治療者に根気強い努力と深い内省を要求する。それは同時に、こころの治療者としての充実感ももたらしてくれるものである。

安易に生きられない人たちを治療の対象としている精神医療において、治療者が安易さを求めようとしやすい今日こそ、治療者にとって精神分析的心理療法を学ぶことが必要なのかもしれない。

文献

(1) Alvarez, A. (1992)『こころの再生を求めて——ポスト・クライン派による子どもの心理療法』千原雅代・中川純子・平井正三訳〔岩崎学術出版社、二〇〇二年〕
(2) Gabbard, G.O. (2003)「境界性人格障害の力動的精神療法」『精神分析研究』47-3.
(3) Kernberg, O. (1976)『対象関係論とその臨床』前田重治監訳〔岩崎学術出版社、一九八三年〕
(4) Lucas, R. (2003): Psychoanalytic Controversies: The relationship between psychoanalysis and schizophrenia. *Int J Psycho-Anal* 84.
(5) Masterson, J.F. (1972)『青年期境界例の治療』成田善弘・笠原嘉訳〔金剛出版、一九七九年〕
(6) 松木邦裕〔一九九七年〕「人格障害とのかかわりでの逆転移」『現代のエスプリ 別冊 人格障害』〔至文堂〕
(7) 松木邦裕〔一九九八年〕「精神分析的精神療法の最近の病態に対する適応」『臨床精神医学』27-8.
(8) 松木邦裕〔二〇〇二年〕『分析臨床での発見——転移・解釈・罪悪感』〔岩崎学術出版社〕
(9) Meltzer, D., Bremner, J., Hoxter, S. et al. (1975): *Exploration in Autism*. Clunie Press, Perthshire.
(10) 成田善弘・市田勝ほか〔二〇〇三年〕「境界性人格障害の個人心理療法」『心理療法』29
(11) Oldham, J.M., Phillips, K.A., Gabbard, G.O. et al. (2001): Practice Guideline for the Treatment of Patients with Borderline Personality Distorder. *Am J Psychiatry* (Suppl) 158.
(12) 牛島定信・兵動和郎〔一九八七年〕「境界例患者の薬物療法」『臨床精神医学』15
(13) 牛島定信〔二〇〇三年〕「境界性人格障害治療の歴史的展望と現状」『心理療法』29

初出

「力動的精神療法の適応拡大と技法」『臨床精神医学』32-10〔二〇〇三年〕

Interactive Links

AFTER this work ... ♣

松木邦裕「『抑うつ』についての理論」

『抑うつの精神分析的アプローチ——病理の理解と心理療法による援助の実際』松木邦裕・賀来博光編〔金剛出版、2007年〕

松木邦裕「パーソナリティ障害のメタサイコロジィ」

『パーソナリティ障害の精神分析的アプローチ——病理の理解と分析的対応の実際』松木邦裕・福井敏編〔金剛出版、2009年〕

これらの論文はそれぞれ「抑うつ」と「パーソナリティ障害」についてのメタサイコロジィ水準のダイナミクスを著したものであり、精神医学領域での臨床に欠かせない知識を提供している。この理解を前提としたとき、技法は生きる。

第四章　統合失調症の精神分析治療

精神分析という治療作業

この章では統合失調症の「精神分析的心理療法」についてではなく「精神分析治療」を語っていく。

私は次の基準を充たす場合を「精神分析治療」と見ている。つまり、治療セッティングとして、定められた静穏な個室で定められた時間に、五〇分間の面接セッションを週四回以上もつこと。そこではカウチの利用が勧められる。そして、このセッティングのなかでアナライザンド（被分析者）は自由に話すことが許される。治療者はアナライザンドがそこにもたらした（アナライザンド自身にとってはおよそ無意識である）彼の内的世界の転移を読み取り、つなぎ、彼に解釈する。これはアナライザンドにとっては、自分自身の心的現実を見つめ、不安をワーク・スルーしていくことを治療者とともに進めていく治療作業である。

ふたつのアプローチ

統合失調症の精神分析治療には、おおまかに二つの流れがある。ひとつは、おもに米国で展開してきている精神分析的自我心理学からのアプローチであり、もうひとつは、おもに英国でのM・クラインに始まるクライン派および対象関係論派精神分析からのアプローチである。

精神分析的自我心理学から

S・フロイトは、統合失調症を含めた彼のいう「自己愛神経症」では〈転移〉が発展しないので分析治療はできないと見ていた。しかしフロイトのもとにいたP・フェダーンは、自我心理学的理解から精神病の分析的治療を始めた。[1] 彼はそれに際して分析技法に修正を加えた。自由連想の放棄、陽性転移の分析の放棄、転移神経症誘発の放棄、抑圧を維持している抵抗分析の放棄である。つまりフェダーンは、病者の自我境界を築いていくための陽性転移のもとでの「意識的教育的アプローチ」が必要だと考えていたのである。

H・S・サリヴァンとフロム-ライヒマンは米国で自我心理学的アプローチをさらに進めた。そしてH・F・サールズに引き継がれている。[2] 彼らは、あとで述べるクライン派のアプローチと共通する理解と治療技法を得るに至った。それは、統合失調症に特異な〈転移〉の存在と転移分析の必要性であり、自我のスプリッティングと投影、部分-対象関係、思考過程の具体化、〈逆転移〉感情の使用などであった。しかしながらフロム-ライヒマンは、解釈にあまり積極的ではなかったし、サールズも、治療的共生関係の時期（すなわち部分対象を治療者に投影している時期）には、治療者は病者の部分として機能すべきであって、言葉での転移解釈は禁忌だとした。もちろん、病者に全体対象が保持されるようになると、解釈が与えられる。

クラインに始まるアプローチ

クラインが『分裂的機制についての覚書』[3]を発表したところから、統合失調症の分析治療に向けた新しい理解が始まった。ここでクラインは、迫害不安（妄想性不安）が優勢な心性（妄想－分裂態勢）での自我や対象群のスプリッティングと投影同一化、原初的理想化という病理性の深い病態への理解を呈示した。そして、H・ロゼンフェルド、[4]H・スィーガル、[5]W・ビオンら[6]は、その理解に基づいて統合失調症の精神分析治療を、技法上の修正をほとんど加えることなく実施していった。その理解と技法はクライン派精神分析家に現在も引き継がれており、私がこれから描き出す精神分析治療もこのラインからのものである。[7][8]

精神分析治療の実際

実際に精神分析治療をおこなってきた臨床素材をとおして、その理解とアプローチを描き出していきたい。

臨床素材

独身男性Eさんは私との分析治療を始めたときは、二十代半ばで、すでに五年に及ぶ精神科閉鎖病棟での治療を受けていた。それは彼には二回目の入院治療だった。

Eさんは十歳頃から蓄膿症を病んだ。その膿《うみ》を飲み込むことで胃が痛んだし、「やがて癌になって死ぬだろう」とのひどい恐怖にとらわれていた。中学時代には、統合失調症の症状はほぼ出揃ったようである。自殺企図を契機に、十九歳で初めての入院。二十一歳時に急性錯乱状態で再入院した。この入院後一年以上におよんで彼は隔離室を占拠した。「おまえを殺す」との幻声、「自分の考えがテレパシーとして周りの人に伝わる」との思考伝播、「母親が殺されようとしている」「自分を看護者たちが殺そうとしている」との妄想からの強烈な恐怖・混乱状態のためだった。これらからくる拒食で、衰弱死の危機から、鼻腔栄養を必要としたほどだった。

その後も恐怖・混乱は続き、彼は閉鎖病棟のなかで脅え、ほぼ毎日、向精神薬の注射を受けていた。薬物は彼の不安を抑えきれなかった。これが私が精神分析治療を始めた頃の状況である。主治医とEさん自身の受け入れのもとに、私は彼と週四回／一回五〇分の、ベッドを使用した古典的精神分析治療をおよそ三九〇セッションもった。その結果、不安の軽減とともに、注射はまったく受けなくなり、皆との食事を始め、過去には恐怖のため閉鎖病棟外に出られなかったEさんが、みずから決心して開放 - 作業病棟へと移った。

ここに分析治療のごく初期のセッションの一部を描き出し、理解・解説を述べていこう。

Eさんはつかえながら、自分の考えが人に伝わること、そして「後鼻漏〔副鼻腔から膿が鼻・口へ流れ出る症状〕」が自分の病気であることを語ったあとで、しばらく間を置いて、次のように話していった。

〔Eさん〕『鼻の手術を受けたいんですけど……。近くの耳鼻科では必要ないと言われて……。でも、はな汁が胃のなかにはいると下痢するんです』。――〔私〕《伝わってしまう考えも、はな汁も、どちらも悪いものがあなたのなかから出てくるんですね。そして、それは毒だから、溜るとあなたのなかで下痢を起こすから、それであなたは、それらの悪いものを外へ出してしまわないといけないんですね》。

『C先生は「大学病院の耳鼻科にみせたらどうか」と言われたんですけど……。でも両親は「精神病が治ってからにしなさい」と言うんです。……先生から言ってもらえば、両親も聞き入れると思うんですけど……』。――《私が、あなたの手助けをする側につくのか、それとも、両親のようにあなたに反対する側にまわるのかと、あなたはとても不安なんでしょうね》。

『耳鼻科の治療を始めることになったら、耳鼻科の薬と精神科の薬が混ざって悪いんじゃないか、とも心配だし……』。――《良いものでも、あなたの中に入ると、あなたの中で悪いものに変わってしまう、と心配なんですね。まるで、お母さんのミルクがあなたの中で後鼻漏のような毒に変わって下痢を起こすように》。ここでEさんは右の手でなにかを外に押し出すような動作を繰り返す。それから、しばらくの沈黙ののち、話し始めた。

『お父さんの言うことは難しいんです。……それに、近ごろは姉の結婚、弟の就職、自分の論文とかでイライラして、僕や母にあたるんです』。――《私があなたに伝えていることが、ちょうどお父さんがするように、私がイライラしてあなたにあたっていることのように、あなたには感じられているんですね。それは、あなたがあなたの中の悪いものを下痢のように排泄して私の中へ入れ込んだから、それが私をイライラと腹立たせたようで、あなたを不安にしたり、あなたが私に悪いことをしたという気持をもたせるのでしょう》。『先生、僕、テレパシーがあるんです。どうしたら、これは治りますか』。――《私がいま述べたことがあなたのこころのなかのことだったので、あなたから私にテレパシーで伝わったように、あなたには感じられたんですね》。――『ええ。……僕は軽薄だから、それで先生や看護婦さんたちが腹を立てると……看護婦さんや看護人さんから、今日殺《け》されるか、明日殺《け》されるか、と不安なんです』。――《私も、あなたを殺すほうにまわるのではないか、との心配もあるのでしょう》。――『先生、ツバを吐いてきていいですか』。

解説

この面接の私の介入での特徴を示してみる。

第一に、私は、Eさんのこころのなかの世界（内的世界）とそこでの彼の不安に焦点をあてた理解を試み、それを解釈している。

第二に、それゆえに、ストレートに表現される「安心づけ」「指示」「元気づけ」さらには「明確化」といった修正的技法を用いていない。

第三に、解釈は、おおかた「転移解釈」であり、治療者への好意的な陽性転移も陰性転移も解釈し、分析している。

第四に、こうした治療者の接近にEさんは敏感に反応しているし、この面接の引用した終わりの部分では、妄想性の精神病性転移の存在にまで私は触れている。

第五に、Eさんが反応的（あるいは自発的）に持ち出してくるこれらの素材に、治療者は解釈の確証を見出し、それが次に治療者のさらなる理解と解釈をもたらすという、治療者と患者の相互作用が分析治療を展開させている。

面接場面を振り返りながらこれらの点を解説していこう。

Eさんが語り始めた「鼻汁から下痢をする」話を受けた私は、それ（便のたれ流し）をその前に彼が語っていた「自分の考えが人に伝わる」話（考えのたれ流し）と結びつけ、「自分の内部が**わるいもの**（わるい考え、鼻汁）で充ちている」との彼の恐れ、さらに、それらを外に排泄すること（テレパシーを使う、鼻汁を吐く）で彼が消そうとしていること、すなわち、防衛としての具体的な排泄性の〈投影同一化〉を解釈した。

この恐怖とその防衛についての私の解釈は、具体的な水準でいくらか理解されたようである。Eさんは私の解釈を受けて、内部の**わるいもの**（後鼻漏）を清めること、すなわち「大学病院受診」を語っている。だが一方で、排泄の解釈は、「排泄したものが解釈（具体水準では、ものとしての私の言葉）によって自分の中へ再び戻し入れられる」との不安を引き起こした。ゆえに彼は、私が「C医師」のように彼のやり方を包み込む *contain* か、それとも、「両親」のように彼の排泄の包み込みを拒否するか、という疑問を、私に同意を求めるかたちで出してきた。ここに陰性のパラノイド性の不安が私に向けられていることが窺える。

ここでEさんは、**理想化対象**（「C医師のように」）を私に投影することによって私をコントロールしようと試みている。彼の求めに従って両親を説得するという、好ましく思える部分対象的役割を担いたい誘惑を私は自分のなかに感じていた（〈逆転移〉反応のモニター――この役割を治療者がそのままとりいれ、行動化するなら、治療者の「役割ー対応」あるいは「投影ー逆ー同一化」となる）。しかし同時に、この要求の裏に、私を**迫害対象**と感じることへの恐れも窺えた。すなわち、ここにはすでに、私への〈妄想性転移〉（私が彼を迫害することへの恐れ）が覗き見えたが、私はそれはここではとりあげず、**迫害対象**と**理想化対象**の〈スプリッティング〉を伝えた。

それを受けてEさんは、**よい対象群**（「耳鼻科のくすり」と「精神科のくすり」）が自分の内界では**わるいもの**に変性してしまう、悪化する不安（「薬が混ざって悪いんじゃないか」）を語った。そこで私は、そうした不安を解釈するとともに、その起源としての幼児期の対象（「お母さんのミルク」）とのあいだでの不安として解釈した。しかしそれは、患者に強い不安とともに、私が具体的に彼に毒に変わるミルクを飲ませたと感じさせたようである。彼は右手でなにか（つまり毒に変わるミルク〔私の解釈〕）を彼自身から外に押しやる（排出する）動作で反応した（具体化）。

そして、そのあとEさんは、父親が自分に難しいことを言って怒ることを語った。この話は、私との〈転移〉の文脈から明らかに、私の解釈を患者が難しく受け入れ難いと感じ、私が彼に腹を立ててあたっていることと受け止めていることを伝えているし、腕を動かす具体的な動作だけでは昂められた不安は解消されず、不安が持ち越されていることを示している。またこれは、彼がその不安を言語化できたことでもある。こうした理解に基づいて私は、それを、〈投影同一化〉による彼の**わるい自己部分**の排泄についての彼の〈迫害不安〉や〈罪悪感〉と初めて結びつけて解釈した。

この解釈へのEさんの応答は、私の解釈が的を射ていたことを彼が裏打ちしたものと私は理解した。なぜなら、彼は「テレパシー」を語ったのだが、そのことによって、彼がこころのなかで感じていたものがそのまま私によって解釈のかたちで語られたと彼は暗に伝えているからである。このテレパシーの解釈のあと、初めて彼は対人関係に具体化された〈破滅不安〉（「看護者に殺《け》される」）を言語化することができている。つまり、〈迫害不安〉と〈罪悪感〉についての私の解釈から、さらに深い不安が浮かび上がってきた。

ここまでの一連の解釈によって、Eさんの訴える不安の水準は、「後鼻漏」→「テレパシー」→「殺される」と、〈心気・パラノイド〉→〈自他の分化の喪失・迫害〉→〈破滅〉へと深まってきている。そして、ここで初めて私はその深い不安への理解を「精神病性転移」を解釈することで伝えることができた。だが、ここでは患者は私の解釈を受け入れ切れず、ツバとして吐き出している。

このセッションの終わり際に『僕は、ときどき、わからなくなってしまう』と語ったことを付け加えておきたい。なぜなら、この発言は、Eさんが自分自身の内界の混乱を一時的にしても認知できたことを伝えている、と私は思うからである。

統合失調症の理解と治療技法モデル

統合失調症者の内的世界では、自我（あるいは「自己」）も対象群もスプリッティングされている。そもそも自我全体が破壊される不安を引き起こしていた、みずからの攻撃・破壊性を含む自我の部分が投影され、ゆえに攻撃性がさらに高まった**わるい対象群**からの迫害の不安を回避するために、安定した自我の中核となる**よい自我部分**や**よい対象**は、ますますスプリッティングされ、過度に〈投影同一化〉に頼る。こうして自我部分は過度に投影されるので、断片化・弱体化していき、一方では、断片化した対象は、別の対象や排出された自我部分、自我機能や超自我などと凝集し、**奇怪な対象群**を創り出す。臨床的には、幻覚・妄想、認知の障害となる。自我の知覚機能・思索機能・運動機能は断片化し、排出されるため、さまざまな自我機能は低下していく。「パーソナリティ水準の低下」といわれる自我の貧困化である。

過度な〈投影同一化〉による「自我と対象群との識別の混乱」から、象徴と象徴化される対象と自我（たとえば、ヘビ、ペニス、「ヘビ」という言葉を操る自分）とのあいだの区別が消失する。象徴機能の障害であり、具体化・具体思索といった「思考の障害」を引き起こす。このような過度な〈投影同一化〉が猛威を振るうパーソナリティの精神病部分に、患者は支配されている。「昏迷」状態は、このパーソナリティの精神病部分に人格全体が支配されたときである。

こうした統合失調症の内的世界は、分析治療セッティングのなかで、治療者とのあいだに〈転移〉される（精神病性転移）。そして治療者は、患者のさまざまな投影物のコンテイナーになる。そのうえで治療者は、内界を理解していくよう試み、その理解を伝えながら、転移のなかでの不安・混乱を解きほぐす作業を、解釈を与えることでおこなう。

治療者とのあいだに姿を現している患者の内的世界のありよう（とりわけ、投影同一化・スプリッティングで著しい混乱に陥っている自我・対象群）がより統合されるよう進めていく作業は、心的機制、情動、対象関係を含む空想（心的現実）についての理解と、その解釈を積み重ねることで成し遂げられるものであり、指示、安心づけ、元気づけ、支持などでは果たされない。

分析治療環境

統合失調症は慢性的に現実吟味能力が障害されている、とても重篤な病いであることを忘れてはならない。精神分析治療を始めるにあたっても、患者の激しい妄想性転移や、情緒の不安定さや、情緒的巻き込みなどが、現実生活に滲出し、現実生活での障害や混乱を引き起こさないよう、患者を包み込む治療セッティングを確立・確保しておくことがなにより必要である。また、初心者は、精神病性転移を理解し取り扱えるスーパーヴァイザーにコンサルトしてもらいつつ治療を進めるべきであろう。

おわりに

最後に、本章で述べてきたことを簡単にまとめておくことにしよう。

統合失調症の精神分析治療はとても難しいものとして知られている。しかしながら、その困難さを踏まえながらも、確実にその歩みを進めている。

分析治療にあたっては、統合失調症の精神内界についての理解モデルをもっておくことが欠かせない。統合失調症者は、自己の〈解体／破滅の不安〉や〈迫害不安〉に怯え、圧倒されている。そこで、その防衛として〈スプリッティング〉や〈投影（投影同一化）〉といった心的機制が動員される。そのため、自我（「自己」）と対象群の再三のスプリッティングと過度な〈投影同一化〉による「自我の断片化」「自我機能の連結の破壊」「奇怪な対象群の形成」などが起こる。そして、それは幻覚、妄想、思考の具体化、象徴機能の喪失、思索や認知の障害といった臨床像をもたらす。また、これらの結果としての、パーソナリティの精神病部分と非精神病部分との分割にも留意が必要である。

精神分析治療は、古典的分析治療セッティングに基づいた「病者を包み込む空間」を提供することから始まる。これは、病者と治療者のどちらにとっても安全な環境でなければならない。

分析のなかでは、分析家は病者の猛々しい投影——つまりは精神病性転移／妄想性転移——を容《い》れ、もちこたえる。そうしながら、〈逆転移〉の吟味を利用しつつ、非-言語水準のコミュニケーションを探知・理解することもこころがける。〈精神病性転移〉についての理解を深め、その根底の〈無意識の不安を含む〉〈空想 *phantasy*〉を言語水準で解釈していく。この転移分析においては「安心づけ」や「暗示」や「指示」は、病的転移を増大させるに終わる。

なお初心者には、治療者としての準備が求められる。実際の分析治療は、〈精神病性転移〉を理解し取り扱えるスーパーヴァイザーのもとで始めることが望ましい。

文献

(1) Federn, P. (1953): *Ego Psychology and the Psychoses*. Basic Books, New York.
(2) Searles, H.F. (1965): *Collected Papers on Schizophrenia and Related Subjects*. Hogarth Press, London.
(3) Klein, M. (1946)「分裂的機制についての覚書」『メラニー・クライン著作集 4』小柴啓吾・岩崎徹也編訳〔誠信書房、一九八五年〕
(4) Rosenfeld, H. (1965): *Psychotic States*. Hogarth Press, London.
(5) Segal, H. (1950)「精神分裂病者の分析のある局面」『クライン派の臨床——ハンナ・スィーガル論文集』松木邦裕訳〔岩崎学術出版社、一九八八年〕
(6) Bion, W. (1967): *Second Thoughts*. (Maresfield Library), Karnac Books, London, 1984.
(7) Rosenfeld, H. (1987): *Impasse and Interpretation*. Tavistock Publications, London.
(8) Spillius, E. (Ed.) (1988)『メラニー・クライン トゥディ①』松木邦裕監訳〔岩崎学術出版社、一九九三年〕

初出

「精神分析による精神分裂病の治療」『精神科MOOK増刊2 精神分析療法』〔金原出版、一九九六年〕

Interactive Links

♣ *BEFORE this work ...*

ビオン，W.（1967）『再考：精神病の精神分析論』中川慎一郎訳〔金剛出版、2007年〕

初読時にはかなり難解に感じられようが、おもに統合失調症や境界精神病の精神分析に基づいた、貴重かつ斬新な見解が豊富に著されている。何度も読み返すと、そのたびに新たな発見があるはずである。

AFTER this work ... ♣

松木邦裕『精神病というこころ』〔新曜社、2000年〕

精神病という病態の理解と対応を、前掲のビオンの考えをベースに著している。精神科臨床の日常、および精神分析的アプローチにおいて、これらの新しい知識と視点が理解され広く活用されることを目指している。

松木邦裕「精神病についての理論と精神分析技法」

『精神病の精神分析的アプローチ――その実際と今日的意義』松木邦裕・東中園聡編〔金剛出版、2008年〕

やはり精神病の理解と接近技法を著したものだが、精神分析的心理療法、精神分析に特化して述べている。前掲よりも詳細な理解が提供される。

第Ⅲ部

眼差しの広がりと深まり

もの想い……

荒ぶれた考え

「分析空間に漂う〝考える人のいない考え〟に、棲み処を与える、居場所をもたらす」という考え方は、精神分析臨床に役立つと私は思っている。

従来の理論では、たとえばフロイトの超自我・自我・エスの心的構造論に見る図式のように、こころの縦構造での、意識下に〈抑圧〉されている考えを思い起こす、とか、もう一方の横型の構造的発想がイメージされる〈スプリット・オフ／分裂排除〉されている自己の感情や思考というように、一者心理学での二次元的平面に表現される印象があった。

それらに較べて、この〝考える人のいない考え〟は、そこに二者心理学での三次元的空間での課題という視点を確実にもたらしてくれるからである。私たちの内的世界にしても、あるいはそれを具現化している面接室の内部、すなわち分析空間にしても、ふたり（あるいは、それ以上の数の諸対象）がいる三次元空間である。この考え方は、そこでの体験にもっとも添う。

私は、この考え方が臨床での事実に適うことも指摘しておきたい。それはたとえば次の事実である。

ほとんどのクライエントは、最初の一、二回目の面接、すなわちアセスメント面接のどこかで、ちらりと、もしくは人によってははっきりと、自分の苦しみが何処から来ているのか、その根源を語るのである――『母に怒りがあるんです。母への消せない憎しみに、わたしは幼い頃から苦しんでいるのだと思います』『母に捨てられないかと、子どもの頃からわたしは不安でした』。しかしその瞬間を離れると話題は変わり、その思いはまるでなかったかのように、クライエントによってその後まったく触れられなくなってしまう。そしてそのまま分析セッションは重ねられる。

知ってはいるのだが受け入れられないこれらの考えは、クライエントのこころには棲み処を与えられず、分析空間、あるいは私たちのこころの空間に漂いつづけることになる。

この漂っている〝考える人のいない考え〟が、クライエントのなかに終いに棲み処を得て分析を終わるというように、好ましい終結に至るとは限らない。それは「荒ぶれた考え」として、棲むことを拒否されつづけるのかもしれない。また、私たちの臨床体験が教えてくれているように、一度荒ぶれてしまった考えは、なつくことを拒絶しつづけることは少なくない。

そう。私たちが臨床場面で出会うのは、そうした荒ぶれてしまった〝考える人のいない苦痛な考え〟である。

自傷や大量服薬を繰り返しているある女性が私を訪ねてきたとき、彼女はひとりで来ることさえ困難で父親に連れられてようやく来たのだが、無表情で何度も口にする「死にたい」というのが訴えだった。日々の家庭生活は何とかきりもりしていたが、希望はまったく無く、こころは重すぎるだけだった。彼女の語ることから、ごく幼い頃から「母親に認められたいにもかかわらず母親からは『だめな子』『できの悪い子』という評価しか得られなかった」と感じてきた彼女が、それでも認められようと必死に努力しつづけ、しかしついに力尽きたのは二十七歳のときだった。それから五年間、彼女は病人でありつづけた。この間に「母親に認められ、愛の確信を得たい」との思いは、すっかり荒《すさ》んで、荒ぶれてしまった。

彼女の内には「死にたい」という考えしかなく、考えても無駄な「母親に認められ、愛の確信を得たい」との考えは、私のなかに居場所を求めた。しばらく住まわせたその考えを、私は彼女に返してみた。彼女は顔をくしゃくしゃにし、涙を激しく流して『そう』とはっきり答えた。『でも、わたしが駄目なんです。お母さんがそう言う』――彼女は断固とした口調でそう付け加えた。涙は流れつづけていたが、彼女はふたたび無表情に戻った。そしてその面接が終わるまで、表情は戻らなかった。「荒ぶれた考え」は私を居場所にしたままだった。長く棲み処にしていた彼女のこころに戻るには、とても長く困難な道がそれからあった。

それぞれのクライエントは、各自の人生の〝通り道〟で私たちに出会ったにすぎない。私たちも、私たちの人生の途中で彼／彼女に出会ったのだ。ただ、この出会いには、「知りたい」という思いが含まれている。「知りたい」というこの思いは、面接を始めた両者のなかにあるものであり得るし、その気になるなら、「知ろうとする」ことが両者に発生する。

ただしその場合は、その好奇心ゆえのさらに激しい「情緒の嵐」のなかを過ごすことになるだろうことを、そのふたりははっきり覚悟しなければならない。知れば知るほど、その「嵐」は激しくなる。

そのセッションで彼は次第に興奮し始めていた。

それは珍しいことではなかった。それは、セッション数が一回減って、現在は週三回になってしまった精神分析への彼の反応でもあるようだった。分析空間の空気は加速度的に緊迫してきたが、ただ、五年前には激昂していたのに較べると、対応する私がこころの緊張を極度に高めないでもよいほどのものだった。

語られているのは、昨日は激しいイライラがおさまらず、とりとめもなく食べることで何とかおさめようとしたが、それもかなり難しく、それでも何とか感情の爆発を食い止めたということだった。また、彼が別の治療施設を受診するようにしたが、まったく和らいだことがなかった彼のこころの苦しみが解決するとは期待しないようにこころがけている、とのことであった。

そこで私は彼に〈あなたが期待しないようにこころがけているというのは、そこであなたを理解してくれる誰かに出会えるのではないかという期待が、それだけ高まってきているということなのでしょう〉と伝えた。『これまでも、だめだったから、期待はしません』と彼は否定する答えを述べたが、私の指摘に気持ちがやや動揺したように見受けられた。昨夜の強い苛立ちも、「理解してくれる誰かに出会える」との希望と、「そうはならない」という不安と落胆の怖れだったのではないだろうか、と私は伝えた。彼は再度否定した。

そこでふと私は、彼が「昔」という枠の中にいるかのように見えていることに気がついた。そこから私のなかに浮かんだのは、「五年間ともにいる私を、継母と同じように、『親ではない』と彼が退けている」とのことだった。

私は、私とのセッション数が減ったことが彼の苛立ちに関係していることを伝えた。彼はそれを肯定するも、これまでどおり、私が彼を理解することはまったく期待していない、と声高に語った。〈面接回数が減ったことで、私から放り出された、とあなたは感じているのでしょう〉と私は伝えたが、彼はやや力さえ入れた表情で『わからない』と応えた。しかし、その発語の語尾には一抹の寂しさが漂っていた。だがそれを振り払うかのように、彼は彼がこの頃体験したある出来事に話題を変えた。

今回も、荒《すさ》んだ「両親に邪魔な子」という〝考える人を失くした彼の考え〟は、帰り道を与えられなかった。

どんな出会いにも、必ず別れはやってくる。その別れが別れとして主体的に受け入れられるのなら、人生の〝通り道〟での出会いの意味はさらに深く理解されることになる。しかしこの別れは、苦痛に満ちて怖ろしすぎるものに感じられ、受け入れられないかもしれない。そのとき、別れは、突然に持ち込まれ突然に終わることで「考える必要のないもの」として済まされようともすれば、続くことで「別れはないもの」にされもする。どちらにおいても、通り道での出会いもまた、ないものにされてしまう。

私たちは、私たちが人生の通り道で出会わなかったと考えることができるだろうか。それを考えたいものである。

愛情

愛情について考えたことがない人がいた。

その理由は、明白なものだった。『そんなことを考えても意味がないから。まして、それを、ここで考えるなんて馬鹿みたい』なのだった。しかし彼女は、絶望的に好かれようとしていた。彼女が自分の心身を使えるようになってから、自己犠牲と自己処罰が彼女の人生だった。彼女にかかわってくる人たちは、彼女を利用しようとするか、もしくは仕方なく彼女にかかわっているのだった。だから、私もそうだった。

そのため彼女は、私が彼女を見捨てるか処罰するように懸命にふるまった――盗み、うそ、自傷、性的逸脱、対人トラブルなどの繰り返しである。そして、まず自分を責めた。加えて、陰に陽に、私も責めた。

私はその彼女の言動を「テスティング／試し」と呼びたくない。絶望的な悲しみがそこにあるからである。「荒ぶれた哀しみ」である。

あるとき、盗みのあとに腕を何箇所も自傷して彼女はやって来た。まだ生々しく血がついており、涙と不機嫌さがまざったひどい表情だった。彼女は黙ったままだった。私も黙っていた。ずいぶん時が過ぎて、うつむいたままだった彼女はそのまま口を開き、『どうして、見捨てないんですか』と独りごとのように言った。それを聴いて私は考えていた――「どうして私は、この人を見捨てないのだろう」と。それは、熟考するに値する問いに私には思えた。だから私は考えつづけた。

それから彼女はまた、沈黙に戻った。それは前ほど長くはなかった。空気を切り裂く強い口調で、『見捨ててよ』と彼女は顔を上げて言った。私の見た彼女の顔は、無表情と涙と不機嫌と悲しみが混ざったひどい顔だった。私のこころには、激しく冷たい秋雨にずぶ濡れになって立ちすくんでいる野良のやせた子猫が思い浮かんだ。

私は彼女に答えた――『愛情があるからだよ』。それを聴いて、彼女はびくりとした。彼女は何も言わなかった。彼女の顔はひどい顔のままだったが、涙はさらにあふれ、ゆっくりうなずいた。

愛情は特別なものではない。日常の普通のものである。

私たちは、クライエントに仕事として会っている。つまり、心理療法に特有の構造とかかわりを私たちは実践し、そこに金銭の授与がなされている。だから「仕事で会っている」。ただし、それは愛情があることを否定するものではない。どちらかなのではない。会うことは、その人を知ることであり、その人に愛情も憎しみも感じ始めることである。

出会ったことでの〝情緒の嵐〟は私たちにも生じる。確かにそれは、独占的な愛情でもなければ、憎しみの一切ない、純粋な愛情でもない。ただし、それは私たちのこころに日頃置いている普通の愛情である。「居場所」を求めて彷徨う必要のない、〝考えることのできる愛情〟である。家庭の日々の食事のような愛情である。また、そうでなければならない。寿司やフランス料理が特別な食事であるように、デコレーションのたくさんついた愛情は、日々の食物にはならない。気がつくと、そのことを分析空間のふたりが忘れてしまっている、そんな普段の食事のようなことが起きているのである。

憎しみ

私にとって確かなことのひとつは、「憎しみには怯えすなわち強烈な恐怖が伴っている」ということである。憎しみの表出である暴力や暴言にも怯えはぴったりとくっついている。だからこそ、それを弾き飛ばし、相手に力づくで押し込むために、暴力や暴言が使われるのである。嫉妬や羨望にさえ、怯えは付き添っている。おそらく怯えを最大に切り離して表出される「憎しみ」は、種々の倒錯行為であろう。それらは憎しみと強烈な快感を合わせて沸騰させることで、傲慢さを結実させる。

私はある心理療法セッションに耳を傾けていた。発表者の男性は女性クライエントの憎しみを全身に浴びていた。『先生はわたしのことを何も知らないし、わたしの言ったことさえ忘れていたのに、どうして勝手に、わたしについて決めつけるんですか。おかしいですよ』と激しく責め立てていた。ほとんど傍若無人の傲慢さという態度で、彼女は面接者に怒りをぶつけていた。セッションのなかの発表者は、『すみません。あなたを理解していないのに、申し訳なかったと思います』とみじめに謝りつづけた。彼は面接の終わるたびに、ひどい無力感に圧倒されていた。一方、彼女は毎回勝ち誇ったようにして帰っていた。

こうして、もともと彼女のなかに棲んでいた無力感は、強引に押し込まれ、いまや彼が棲まわせるものとなっていた。その彼を、彼のなかの無力感を、彼女はひどく憎み、軽蔑していた。それは、彼がそれを怖れていたからである。そしてもちろん彼女も怖れていたからである。その荒ぶれた「駄目なわたし」というみじめな考えが彼女のもとを再び棲み処としてしまうことを怖れたからである。それを彼女はあまりに怖れたので、もはや面接には行かないという決心をし始めた。そうするなら、無力な「駄目なわたし」という考えは、彼を永遠の棲み処にするに違いない。彷徨うことはないだろう、と彼女は確信したかったにちがいない。

　しかし、その考えは彼を「居場所」にできるだろうか。その考えはやがて帰り道を見出しはしないだろうか。このことは、誰が考えることなのだろうか。

新しい考え

　真に斬新で独創的な考えというものは存在しないように私には思われる。空前絶後の独創的に見えるどんな考えも、その起源をどこかにもっている。それはちょうど、神の子や天才も、その起源はその両親にあるようにである。両親のなにかを引き継いで、その人がある。だから、すべての考えは、考える人のいなかった考えであったか、いまだ考える人のいない考えなのだろう。

　私たちの職業は、そうした〝考える人のいない、そして多くは荒ぶれてしまった考え〟に「棲み処」を与えようとすることにある。少なくとも、私たちはそれを試みつづける。明日の臨床でも。

第一章　エスはどこに？

再　考

しばらく前のことになる。私の働いていた病院のある病棟で、私の受け持っている若い女性患者が尋ねてきた――『先生、「エス」って何のこと？　欲望ってことなの？　看護師さんに聞いたら、「先生に聞いてみたら」って言われた』と。

私は内心とても驚いていた――「こんな若い女性、心理学を学んだことがない、ましてや精神分析に何の関心もない女性が、エスなどという精神分析用語をどうして知っているのだろう」と。そこで私は彼女に尋ね返してみた――『どうして「エス」という言葉を知っているのですか？』と。彼女は即座に答えてくれた。それは、人気音楽グループ、ミスター・チルドレンの新しい曲のタイトル名なのだった。私はそのグループについてもその曲についてもまったく知らない。しかし、文化というものの広がり方の一面をそこに垣間見た感じがした。それから、「そういえば、このところ〝エス〟について考えを巡らすことがなかったな」と、なにか懐かしい思いにもなった。私も刺激されたのだった。

こころの構造論とエス

エス *Es*（英語ではイド *id* と訳語をあてられた）は、フロイトが晩年近くに新たに「こころ／パーソナリティの構造」モデルを呈示したときにその位置を与えられた。[2] この構造論では、「エス」「自我」「超自我（上位自我）」の三領域や心的装置が想定されている。[4][8] ここでは、自我や超自我についてはそのおおよそは周知のこととして、それらがそもそもエスから分化してきたものであることを書くに留め、エスについてのフロイトの見解を少しまとめておこう。

〝エス〟にはいくつかの特徴がある。まずエスはリビドー――あるいは欲動（愛情欲動、攻撃・破壊欲動）エネルギー――の大貯蔵庫である。別の表現をするなら「パーソナリティの欲動部分」ということもできよう。エスは無意識的なものであって、まるで組織化されていない。混沌、沸き立つ興奮に満ちた坩堝である。そして、そこでは「快」を求め「苦痛」を避けて本能欲動を充足させることだけを目指した〈快感原則〉に従う〈一次過程思索〉が活動している。考えや観念の矛盾、時間の流れ、価値判断、空間の秩序といった概念はない。

不安の起源と精神症状

この構造論に基づいて、フロイトは不安の三つの起源とその性質を区別した。

自我は、外界に対しては「現実的な不安」を感じる。超自我に対しては「良心の不安」を感じ、エスにおける欲動に対しては「神経症的な不安」を感じるのである。そして、これらの葛藤や不安がそれぞれに異なった精神の障害を引き起こすとした。すなわち、自我が外界との葛藤から現実を拒絶したとき、現実を妄想（内的空想）で置き換える精神病が発病してくる。自我が超自我との葛藤から退行したとき、メランコリー（うつ病）が引き起こされる。そして、自我がエスと葛藤したときに、ヒステリー、強迫神経症、恐怖症といった神経症が発病してくる。このようにフロイトは識別を試みた。

とりわけ、精神分析がおもな治療対象としている神経症での〝エス〟との葛藤では、自我はエスと超自我との板挟みに苦悩するのである。すなわち、欲動の充足願望と懲罰的禁止のあいだでの葛藤である。

このこころの構造モデルから見ると、心的葛藤は単純化するなら、超自我‐自我‐エスという、自我を中心に置いた縦系列に並んだ領域間の摩擦で引き起こされると見ることができる。つまりこの構造論は、こころの別個の機能領域（心的装置）がややメカニカルなパターンをもって反応していく様相を表すことを目指した、こころあるいはパーソナリティについてのいくらか抽象化されたモデルなのである。

構造モデルと対象関係モデル

述べてきた「構造モデル」が心的装置の縦系列で葛藤を描く試みであるとするなら、「対象関係論」は横関係で葛藤を表現している試みといえるだろう。内的世界という〝三次元的心的スペース〟において幾つかの自己（自我）と幾つかの対象（群）が葛藤的に——あるいは互恵的に——交流をしているモデルが対象関係論である。

たとえばフロイトは、妄想的なまでに苛酷な自己非難・自己卑下が著しいメランコリーを対象関係モデルでおおよそ次のように描いた。[1]

メランコリーでは、失われた愛する外界対象が内在化された「内的対象」にリビドーが注がれるようになる。外界への関心はなくなり、内的対象との関係にひきこもる。対象を思い焦がれ、悲しみにひたる。ところがその一方で、この「内的対象」と自己の一部は〈投影同一化〉による自己愛同一化《対象の影が自我の上に落ちている》Freud）の状態にある。その結果、その失った対象とひとつになった自己をもうひとつの自己が非難してくるのである。これが自己非難である。つまり、自己非難はじつは自分を捨てた対象への非難・憎しみなのである。このようにして失われた対象への愛情と憎しみの感情は、メランコリーではすっかり分割されたまま維持されていくのである。よって愛情と憎しみの葛藤は体験されない。

この対象関係モデルは、精神病の妄想幻覚状態にみる「妄想対象」のような具体的な対象のように、擬人的なニュアンスの濃い対象（たとえば精神病患者が訴える「自分のお腹に住んでいて、身体にいろいろ困ったことが起こるようにしてくる宇宙人」）から、言語的に表現される抽象的な対象（象徴機能を担う対象）まで幅広い水準で内的世界での体験を表すので、こころ／パーソナリティ理解により柔軟に対応する。このことから対象関係論は、現代の精神分析では重要なこころ／パーソナリティ理解のモデルと認識されている。とくに英国でのメラニー・クラインやフェアバーン、ウィニコットといった精神分析家たちは対象関係モデルを生産的に活用した。[11] 私もここではおもにクラインの考えに準拠している。

無意識の空想とエス

では、この対象関係モデルでは〝エス〟はどこに位置づけられるだろうか。この両者に何らかの接点を見出すことはできるのだろうか。この点を考えていきたい。

私の思うところ、その糸口は〈無意識の空想 *unconscious phantasy*〉にあるようである。メラニー・クラインやスーザン・アイザックスらが「本能欲動の心的表現でもあるし、本能欲動に対する防衛メカニズムの心的表現でもある」とした無意識の空想は〝エス〟と対象関係の架け橋になってくれる。[6][7][12]

ところで、ここで述べている〈無意識の空想〉は視覚だけから成るのではない。それは触覚・聴覚・味覚・嗅覚といった五感すべて——身体全体——を使って味わわれるものである。またそれはさらに、おおよそ次のように定義される——「無意識の空想はあらゆる精神過程の基底にあって、すべての精神活動に付随して起こる。無意識の空想は本能を含む身体からの活動の心的表象であるし、身体感覚を引き起こす対象群との関係として解釈される身体感覚である。もともとは生物的な高まりが噴出したものであったが、距離のある外界現実を感知するための諸器官の発達による変化によって、また身体の原初的世界から象徴世界へと向かうことによって、変様していく。無意識の空想は、身体とその感覚の取り扱い（ここで生じているのが、いわゆるマスターベーション空想）、あるいはなまに空想していくことによって、内的な心理状態の苦痛を緩和することを目的として練り上げられ続ける」[5]（強調は筆者）。

こうしてアイザックスが論文「空想の性質と機能」で著しているように、[6]本能欲動、心的メカニズム、そして自己や対象群からなる私たちの内的世界は、意識されることはあるとしても、おおよそは無意識の空想として体験されている。そこでは〝エス〟は対象関係と連動しているのである。

さて、本能欲動は生下時から活発に活動しているのであるから、私たちは生下時には原始的なオリジナルな空想をすでに抱いている。それは粗削りなものではあるが、すでに述べたように本能欲動を表している観念や情緒・知覚を含んでいる。それだけではなく、その欲動を充たす対象も含んでいる。

このようなことから、こころ／パーソナリティが発達し成熟していくこととは、〈無意識の空想〉のなかに、本能欲動を表している観念やその対象だけでなく、その欲動を対象とのあいだで取り扱おうとする自己の心的メカニズムを表している観念も、さまざまな情緒・知覚そして思考（発達していく観念）も含み、それらが洗練されていくこととも言える。

エスに近い対象世界

たとえば、生まれたばがりの赤ん坊が飢えを感じ、飢えがひどい苦痛をもたらしているときには、いまだ「飢え」という概念をもつに至っていない赤ん坊は、その身体感覚から「わからない圧倒的な具体物が、内側から自分を壊滅的に破壊してきている。自分がバラバラになっていく」との空想を抱くであろう（この空想がその後に言語化されるのを、私たちは急性の精神病患者から聞くことがある。ある患者は「地球が破壊する。すっかり壊れてしまう」と語ったし、「自分がバラバラに崩れる」と語った患者もいた）。

その結果、赤ん坊は力の限り泣きわめき、手足をバタつかせる。自分のなかの「苦痛で破壊的ななにか」を自分に可能な手段を使って身体の外に排出してしまおうと試みているのであるが、このときには「圧倒的に破壊的なものを（便や尿を出すように）すっかり全部排泄している」と空想しているのである（これがまさに〈一次過程思索〉である）。

その一方で、おなじ赤ん坊がお乳を飲んで満腹してまどろんでいるときには、充たされてたわんだ身体感覚とつながる「なにか心地よく、ゆったりしたもの」が空想されているだろう。これを私たちは、性的な充足を体験したまさにそのときに味わっている感覚的な空想として、のちにも味わっているものである。

この原始的でオリジナルな空想は〈快感原則〉に従っているし、〈一次過程思索〉が活動している。まさに〝エス〟領域の世界のようである。もちろん、これが完全な〝エス〟だけの世界ではあるはずもない。しかしながら、自我や超自我があまり分化していない、生の本能からの愛情欲動（リビドー）と死の本能からの破壊・攻撃欲動が、ときに台風のごとく、あるいはそれが通り過ぎたのちの楽園のごとくに溢れている内的世界が、ここにはある。確かに〈無意識の空想〉は、アイザックスが言っているように、そもそもエスから発生してくるのである。

内的世界のエス

やがて赤ん坊がいくらか大きくなってくると、〈無意識の空想〉〈内的世界〉も変化していく。対象はよりはっきりした形をとるようになるし、自己と対象とのあいだのダイナミックな相互交流も明瞭になってくる。赤ん坊は、母親の乳房という「部分対象」との関係で飢えに苦しめられたり、それと対照的に、充たされた至福の満腹感を味わえる、ということがらに気づき始めるが、それは空想に変化をもたらす。

赤ん坊は飢えて苦しんでいるときは、「悪い攻撃的な乳房対象から、破壊的で苦痛なものが、自分のなかに暴力的に具体的に押し込まれている」と空想する。このため赤ん坊自身が「その悪い乳房対象を何のためらいもなく激しく攻撃しバラバラに引き裂いている」との空想をすることになる。報復である。自己と対象のあいだに破壊欲動——圧倒的に迫害的な内的世界——が展開してくる。

この空想の舞台には、破壊‐攻撃欲動が満ち満ちた「悪い対象群」がいるし、同じく破壊‐攻撃欲動に満ちた自己がいる。しかし、実はここでは自己がみずからの破壊欲動をもてあまし、この欲動を対象のなかに投影することで、自己そのものを破壊から守っている。それからその一方で、その攻撃的な「悪い対象」へみずからの攻撃を向けるやり方で攻撃欲動を相殺してしまうかたちで、コントロールすることが目指されている。この舞台裏では、自我が、エスから噴出してくる欲動に圧倒されながらもそれらをコントロールしようと奮戦しているそのありようが、「自己と対象とのあいだでのなまなましいやりとり」として私たちに実感されているのである（この空想の普遍性を精神病患者のいわゆる被害妄想に見ることができる。ヤクザとか何かよくわからない不気味な攻撃組織や機械に患者は執拗に攻撃され、ひどく苦しめられる。そのため、時に彼らは、加害者とみずからが同定した「悪人」に報復していく）。

母親の乳房を満足いくまで吸ってお腹が気持よく膨らんできている幸せなときには、赤ん坊は「よい乳房対象にやさしく暖かく包まれている」「暖かくよい乳房とひとつになっている」との感覚的な空想を体験する。

そこでは、いわゆる「子宮内体験（オーシャン・フィーリング）」のような愛情に充たされている、愛情欲動を介した「よい乳房対象」と「よい自己」が味わわれる空想（内的世界）がじっくり嚙みしめられている。ある患者は分析セッションのなかでのこのような充足体験を「なにか白くて柔らかいものに自分自身がふんわりと包まれている」空想として語った。

これらがメラニー・クラインのいう「妄想‐分裂的な内的世界」である。対象や自己はそれらの断片化状態から連結に向かっている。その結果、「悪い」と「よい」の二分割された自己や対象の内的世界が築かれてきている。ここでは〝エス〟は、自己や対象とのつながりで——つまり、それがうまくいくとしてもいかないにしても、自我機能によって——扱われようとすることになってきている。欲動は、スプリッティング、とり入れや投影同一化によって積極的にコントロールされることが目指されている。

この時期は、それ以前のほとんど〝エス〟的な内的世界の時期と較べるなら、構造モデルから見ると、自我がその領域を確立し始めてきたためエスと自我のあいだのコンタクト・バリアー（境界線）が形をなしつつある時期ともいえるのかもしれない。ここに対象関係的な視点を入れてみるなら、この時期にはエスは、いわば〈無意識的空想〉のなかの自己や対象のなかに収められていきつつあるともいえるようである。自己や対象がその内に心的構造を創り上げてきているといえるのかもしれない。

対象・自己のなかのエス

成長していく赤ん坊は、次には〈抑うつ態勢〉と呼ばれる内的世界をかたちづくるようになる。知覚機能・思索機能をはじめとする自我機能の発達や「よい対象」と「よい自己」への信頼の高まりとともに、「よい乳房」と「悪い乳房」といった部分対象に分裂していた乳房は、「赤ん坊を飢えさせる悪いときもあれば、満足と快感を充分に与えてくれるよいときもある、ひとつのまとまった全体性をもった対象である」ということが認識されてくる。そこでは、「みずからの破壊‐攻撃欲動をかつては思いのままに発散させていたことで、よい乳房（母親）を傷つけ、とりかえしのつかないほどに壊してしまっており、もうその傷を癒せないのではないか」との罪悪感や悲哀感に満ちた抑うつ的な不安が内的世界を支配してくる。

ここでの対象は、傷つけた自己を非難してくる超自我的な対象（ある強迫患者にとっては「何でも見抜いて過酷なバチを与える神」）であったり、恨み復讐してくる抑うつ的な対象（分析的プレイ・セラピー中の子どもは「殺そうとしてくる凶悪な怪獣」と戦いつづけた）、あるいは、死のうとしている抑うつ的な対象（ある患者は「羽根にひどい傷を負っている鳥を見て泣いている」夢を語った）であったりする。いまや内的世界は、万能の愛情や破壊欲動が溢れるところではなく、償いや思いやり、修復といった〈現実原則〉に沿って対象とのかかわりをもつスペースとなっている。また、その世界では〈一次過程思索〉ではなく〈二次過程思索〉が優勢になっている。

妄想‐分裂的内的世界に較べると、この抑うつ的内的世界では破壊‐攻撃欲動は、自己や対象のなかに、愛情欲動のもとではよりコントロールされるかたちでその位置を占めているといえる。それは「エスあるところに自我あらしめよ」とのフロイトの標語が成し遂げられてきているかのようでもある。

対象関係モデルとエス

このようにして見ていくと、内的世界（無意識の空想）のなかの自己や対象の姿やその交流は、構造論の視点からいうなら、「エスから噴出してきた破壊‐攻撃欲動と愛情欲動とが自我によってコントロールされ、創造的に活用されていく過程を、ダイナミックに継時的にこまやかに描き出したもの」ということができそうである。そして、そうであるがゆえに〝エス〟の存在は強調されない。なぜなら私たちは、欲動やそれに伴う知覚や感情を知り、はたらきかけることはできても、エスそのものを扱うことはないからである。

エスの場所

フロイトは構造論についての図を描いたとき、[3][9][10]自我とエスははっきりとは分離しておらず、下層で混在していることを示している。超自我も同様に、決してエスと切り離された領域ではなく、エスと連続しているのである。すなわち「エス」「自我」「超自殺」はいずれも、それぞれが独自に閉ざされてしまっている領域ではない。それらはやはり混在しているのである。

さらに、フロイトが描いた図は、ある発達段階での三領域の広さを表しているのであって、それは恒久的で不変なものではない。また、心的装置そのもののサイズも変化するであろう。だから個人の成長の過程で、生下時には相対的により広いエス領域があり、やがて成長とともに自我領域が広がってくるであろう。それにつれてエス領域から派生してくる本能欲動は次第に自己のなかに収められるものになっていく。言い換えれば、自我がエスに対応できるようになってくるのである。

対象関係での自己と対象の性質の変容が、まさにこの構造論で表されている三領域の変化の過程そのものなのである。その意味では、エスの派生物（欲動）は対象に投影され、そして、やがて自己に戻ってくることで、その人のパーソナリティのなかに収まるように位置づけられるのである。

とはいえ、「エスあるところに自我をあらしめる」その道程は、決してなまやさしいものではない。私たちは母親といった取り巻く人々の手助けを得て、それぞれにこれを成し遂げようと努めてきたのである。

文献

（1）Freud, S.（1917）「悲哀とメランコリー」『フロイト著作集6』〔人文書院、一九七〇年〕
（2）Freud, S.（1923）「自我とエス」『フロイト著作集6』〔人文書院、一九七〇年〕
（3）Freud, S.（1932）「続精神分析入門」『フロイト選集3』〔日本教文社、一九六九年〕
（4）Freud, S（1940）「精神分析学概説」『フロイト著作集9』〔人文書院、一九八三年〕
（5）Hinshelwood, R.D.（1991）: *A dictionary of Kleinian thought*. Free Association Books, London.
（6）Isaacs, S.（1948）「空想の性質と機能」『対象関係論の基礎――クライニアン・クラシックス』松木邦裕編・監訳〔新曜社、二〇〇三年〕
（7）M・クライン『メラニー・クライン著作集1・2・3』〔誠信書房〕
（8）J・ラプランシュ／J・Bポンタリス（1967）『精神分析用語辞典』村上仁監訳〔みすず書房、一九七七年〕
（9）前田重治〔一九八五年〕『図説臨床精神分析学』〔誠信書房〕
（10）前田重治〔一九九四年〕『続 図説臨床精神分析学』〔誠信書房〕
（11）Rycroft, C.（1968）『精神分析学辞典』山口泰司訳〔河出書房新社、一九九二年〕
（12）Segal, H.（1964）「空想とその他の心的過程」『クライン派の臨床――ハンナ・スィーガル論文集』松木邦裕訳〔岩崎学術出版社、一九八八年〕。

初出

「エスは何処に――クライン派対象関係論でのエスの場所」『イマーゴ』vol.6-11〔一九九五年〕

Interactive Links

♣ *BEFORE this work ...*

アイザックス，S.（1948）「空想の性質と機能」

『対象関係論の基礎』松木邦裕編・監訳／一木仁美訳〔新曜社、2003年〕

対象関係論における本能、あるいはエスの位置づけを明確に示した論文である。対象関係を内包する「無意識の空想」として本能欲動が体験されるその過程を、原初水準から日常生活のなかまで包括して述べている。

AFTER this work ... ♣

松木邦裕『対象関係論を学ぶ』〔岩崎学術出版社、1996年〕

内的対象世界の在り様を丹念にわかりやすく描き出したもの。「エス」という概念がどのように対象関係論では吸収され位置づけられているかが理解されるだろう。

第二章　ある重要コンセプトの含意 ―― *Projective Identification*

その概念をどう呼ぶか

本章では、日本語でおこなっている私たちの精神分析や心理療法の臨床に *Projective Identification* という概念をより適切に使用していくための試みを描き出したい。

精神分析・心理療法で重要なキー・コンセプトのひとつとなっている *Projective Identification* には、これまで幾つかの訳語が適《あ》てられてきている。たとえば〈投影性同一視〉[19][12]・〈投影同一視〉[16][11]・〈投影同一化〉[6][20][3]が、おもなものとして著・訳書のなかに見出される。*Projective Identification* が分析用語として我が国で認められてしばらくを経過し、この用語の意義が臨床経験のなかで吟味されつづけてきた今日、ここで、その概念と訳語の重なりを検討してみることは有意義なことではないだろうか。

まず概観しておくこと

その始まり

Projective Identification は、M・クラインが「プロジェクティブ・メカニズム」を研究していくなかで、そこに併存している意識的・無意識的空想 *Phantasy* について検討したものである。[10] クラインは論文「分裂的機制についての覚書」で、生後数ヵ月までの人生早期の〈妄想－分裂態勢〉に特徴的でかつ重要な心的メカニズムとして〈分裂機制〉を記載した。すなわちそれが「スプリッティング」と *Projective Identification* である。乳幼児は活発な内的不安のもとで、感情や感覚、衝動・欲動などを含む自己部分を分割し、対象の上か中に **Projection**（あるいは *Projective Identification*）する。その結果、対象がそうした自我から排除された部分を含んでいると感じられたり、自己のこの部分を表象していると受け止められる。すなわち、*Projective Identification* は次のようなこころのはたらきを含んでいる。

①自己のなかの危険で好ましくない部分を排除する。②その排除した部分を対象のなかに押し入れ、対象を傷つけ、支配し、所有しようとする。③その結果、自己と対象の識別が消失し、そこに自己愛状態が体験される。なお、「よい自己部分」と「対象」とのあいだにもこのダイナミックスがはたらくことも、クラインは付け加えている。

クラインは *Projective Identification* は一般人にも認められるが、とりわけ、スキゾイド・パーソナリティ、そして統合失調症に優勢な心的メカニズムであり、そうした人たちの病像や内的世界の構造を支配していると考えた。

投影との違い

Projection〔以下、訳語を検討するまでは〈投影〉と述べる〕と*Projective Identification*の差異については、一部で問題とされてきたところであるが、私は両者をほぼ同じ意味に使用している。なぜなら、内的世界においてはそれが〈投影〉と呼ばれようと*Projective Identification*と呼ばれようとも、自己と内的対象とのあいだでダイナミックにはたらくわけであるし、また、主体の内的世界が外界に写し出されていく精神分析治療で主体が〈投影〉をおこなうときには、外界対象というそのコンテイナーが必ず存在しているゆえにである。

「投影ではそれが向けられた対象は反応しないが、*Projective Identification*ではコンテイナーとなる対象に影響が出る」〔たとえばカンバーグ[8]〕、あるいは、「投影は欲動を扱うメカニズムであるが、*Projective Identification*は欲動と結びついている自己部分を扱うメカニズムである」〔たとえばグロットスタイン[13]〕など、〈投影〉と*Projective Identification*をはっきり区別しようと主張する人たちがいる。しかしながら、これは知性化の産物である。なぜなら、すでに述べたように、実際の分析セッションのなかでの体験が、その区別に意味がないことを教えてくれるからである。

たとえば、ある人物が『わたしは鹿児島が嫌いじゃなかったんだけれど、鹿児島がわたしを嫌っていた』と語ったとき、これは「語る人物とある地方である鹿児島とのあいだには力動的相互交流が起こらない」という投影の典型例のようである。しかしながら、分析セッションにおいては彼が「嫌い」という感情を投影している「鹿児島」は、転移の文脈で理解され得るであろう。すなわち、外界現実のこととして語られている「鹿児島」は、彼の「嫌悪感〔憎しみ〕」を含む自己部分を含み込んだ内的対象〔たとえば内的母親あるいは内的父親、もしくはその転移対象である治療者など〕を表しているだろう。そして実際のところ、私たちは分析治療では必ずセッションのなかにいるのである。

このように、対象が反応しないとか自己部分とつながらない欲動だけが投影されるとの理解は、*Projective*

Identification についての部分的な把握にすぎない。

ところで、アナライザンドの内的世界の〈投影〉は、語られる言葉を通して、雰囲気や空気として、あるいはまた振舞いや態度・表情、ときには〈アクティング・イン／エナクトメント〉や〈劇化〉と呼ばれる形態も含んで、面接室での治療者とのあいだに、そして治療者のなかに為されていく。〈投影〉はその人の空想であるから、当然のことながら、言葉を越えた水準でも展開していくのである。ゆえに、検討していくための便宜として、*Projective Identification* を二つの視点から検討することが有用であろう。

ひとつは *Projective Identification* のもつ「コミュニケーション機能」からであり、もうひとつは *Projective Identification* が作動する「心的態勢水準」からである。

三つのコミュニケーション機能

ここでの論考はW・ビオン[1][2]やH・ロゼンフェルド[17]の業績に負うところが大きい。

クラインが *Projective Identification* を初めて語ったとき、その機能はおもに「対象の支配やコントロール」を目指したものだった。自己の「悪い部分」が分割・排除され、それが「悪い排泄物」と一緒に母親や乳房のなかに〈投影〉され、その対象を支配したり所有したりすることになる。もちろん、それは病的な機能であった。

だが、ビオンはそこに「健康な相互交流性コミュニケーション」としての *Projective Identification* も見出した。ビオンは、赤ん坊が母親に苦痛に充ちた空想を向けていき、その苦痛を母親が理解しコンテイニングし、やがて赤ん坊にとってより受け入れやすいかたちで戻してやるという相互交流が、赤ん坊の原初的な *Projective*

Identification に始まると理解した。いわゆる正常な *Projective Identification* である。さらに彼は、精神病者が自分の憎しみの感情を分析家のなかに排出してしまう様子を描写した。排出としての *Projective Identification* である。

そして、ビオンと同時代に精神病者の精神分析を実践していたロゼンフェルドは、*Projective Identification* のもつ「コミュニケーション機能」を次のように整理している。①対象のコントロールを目指している。②対象への自己のある部分の排出を目指している。③対象との相互交流を目指している。――この三種が、広く認められている機能であろう。

二つの作動水準

ビオンやロゼンフェルドらによる精神病者での *Projective Identification* の研究は、そもそも「空想」である *Projective Identification* が具体化し「現実の体験」となり得ることを明らかにした。それは前述した赤ん坊の *Projective Identification* にもあてはまる。母親の対応がそれを現実化させるのである。つまり「空想」はその人の思考のレベルによって、精神病者や赤ん坊におけるように「具体思考水準」にもなれば、私たちの空想のように「抽象〈象徴〉思考水準」にもなるのである。

この問題はB・ジョセフによって整理された。[7] 彼女は *Projective Identification* が、その人物の心的態度が〈妄想－分裂態勢〉にあるときと〈抑うつ態勢〉にあるときで異なっていることを述べている。すなわち、前者においては「具体思考水準」に近い *Projective Identification* が作動し、後者では「抽象〈象徴〉思考水準」のそれが作動するのである。

水準による違いと視点の移動

私はここまで*Projective Identification*の「コミュニケーション機能」と「作動水準」を概観してみたが、それは、それら三つのコミュニケーション機能と二つの作動水準を組み合わせた色分け――六形態となる――が、*Projective Identification*を日本語にしていくに際しての重要な架け橋になると考えているからである。日本語に使用されている漢字（表意文字）は一字一字が独自の意味を内包しているので、漢字が連なる熟語が表す概念の内容を、一つひとつの文字が規定してしまう。ゆえに、これらの機能や水準に適《かな》う漢字からなる訳語が*Projective Identification*に適《あ》てられることが望ましい。

さて、すでに示したとおりprojectiveには「投影」あるいは「投影性」の訳語が適《あ》てられている。私はここに「投射」を付け加えておきたい。「投射」は現在も時に Projection の訳語として用いられている。[18]また一方、Identification については「同一化」と「同一視」がおおよそ適てられてきた。

これから、これらの日本語訳語としての適合性を吟味したいが、それには臨床素材を使うことが、その検討を納得いくものにしてくれると私は考える。

臨床素材1

入院治療中のある慢性統合失調症者が分析セッション〔週四回〕のなかで、こころ／胸〔抽象的な「こころ」が具体・思考化すると「胸」になる〕の奥に十字架のキリスト像が具体的に存在していることを訴えた。彼が語るには、十字架のキリスト像の他に大木・女性性器・いろいろな人の名前もそのまま同じく具体的に、胸のなかに存在していた。彼がとても不安げに途切れ途切れに訴えたのは、「そのキリストに自分がなってしまい、それで病棟で他の患者たちに神として振舞うことになってしまっている。それが苦しくてたまらない。なぜなら、キリストは殺されたので、神である自分も殺されることになるから」とのことだった。

キリストになってしまうというのは、客観的には「妄想」と精神医学で呼ばれる空想である。しかし彼はそのことを実生活のなかで具体的に体験している。これは具体化している排出としての *Projective Identification* の例である〔松木に類似例〕[14]。それは実生活でまさに具体化している。彼の自己が影を投げているのではなく、自己が排出され、キリストという対象（具体化している内的対象）となってしまっている。そこで私はここでは《投射同一化》が適切な訳語と考える。

「投影」は、影を投げている——つまり本体（自己）はあくまで元のところに位置している——ことを含蓄している。一方「投射」は、本体（自己）が発射されて元のところにはなくなってしまう状態である。この例では、患者の自己の行動機能部分はすっかり対象のなかに排出されている。次に「同一化」が適切なことについては、多くの言葉を要さないだろう。「同一視」も本体（自己）が元のところに位置していることを含蓄している。後者は「同一と見ている」ことであって、「同一になっている」「同一と化している」ところには至っていない。ゆえに精神病性の具体思考水準——つまりは〈妄想 - 分裂態勢〉での「排出」機能——の *Projective Identification* は《投射同一化》と呼びたい。

ビオンの赤ん坊についての見解[2]を援用することは、理解をさらに深めてくれると思う。ここではS・フロイトが〈一次過程思索〉と呼んだ赤ん坊の思索機能が描かれている。生まれてまもない赤ん坊は「飢餓感」といった自分のなかの不快な「感じ」を取り扱うのに、泣きわめき、四肢をバタつかせることでその不快感を具体的に排出しようと試みる。それは、不快感が具体的に実際にその子の身体のなかに存在しているので、その「感じ」という「物」を放り出そうとしていることである。この「不快感という物」の体外への排出という具体化している空想は、前述した精神病者のそれと同じ性質のものである。ここに最も原始水準の排出機能としての《投射同一化》がはたらいている、とビオンは見る。

さて、ここで母親が赤ん坊の苦痛に気がつき、それを和らげるはたらきかけをしていくとき、たとえば、飢餓に苦しむ赤ん坊にお乳を与えていくとき、赤ん坊は「苦痛という体内の物を具体的に（おそらく母親のなかに）排出できた」と体験していく。ビオンが「投射同一化は空想のなかだけでなく現実生活でも作動している」と述べているのは、このことである。さらに、母親はわが子の《投射同一化》を受けて、それに基づいて適切に対応しているのであるから、ここにコミュニケーションとしての投射同一化の萌芽がある。

臨床素材２

ある分析セッション〔週三回〕でのことである。そのアナライザンドは、いつものようにしばらく沈黙していたが、やがて口を開くとともに、この最近の楽しかった体験を語っていった。彼女はにこやかで楽しく、心地よさそうだった。そうした明るい空気を、彼女は面接室のなかに徐々に築いていった。ゆえに、私もそうした感じを味わっていた。しかしながら、やがて私はみずからの異質な感じに、私自身のなかで行きあたった。それは「冷たく堅い感情」だった。それはまるで、外側の明るさからはじかれてしまっているちっぽけな――しかし確実に内側に存在している――かたまりのようだった。

私はみずからの内側で実感している感じはそのままに留めて、味わっていきながら、彼女にそのままついていくことにした。そうしたのは、このところ私は彼女にとって「すべての言動が彼女を支配しようとしてくる母親対象と同一」と感じられていたので、私のいかなる解釈も彼女には時期尚早であり、彼女への侵入であると体験されてしまう状況にあったからだった。こうして私は、彼女が、冷たい感情を感じている自己を排出して、私のなかに投げ入れ、彼女自身は明るい自分だけになってしまっている、という解釈をしなかった。

時間を二〇分ほど残した頃から、彼女はにこやかな表情と話題をやめ、黙ってしまった。その沈黙は一〇分以上続いた。表情にも苦さが加わってきた。やがて口をひらいた彼女は、ぽつりと『わたしのなかに憂うつな感情が、いま、存在しています』と語った。私はその発言を肯定した。続いて彼女は、この憂うつさは、このところの自分には気づかれていたところもあったのだが、感じたくないもの、とりわけ、セッションのなかでは感じたくないものであったことを語った。この発言も私は肯定した。そして、そのときには、私のなかの硬く冷たい感じは消え、「彼女とコミュニケートできている」と、いくらかの安心感が湧き上がっていた。このあと私たちは、彼女の抑うつ感を一緒に検索していった。

彼女の抑うつ感は私のなかに投影された。そして、それはしばらく私のなかに留まっていた。そうして彼女がこの抑うつ感を言葉のなかに含めるほどに私とのあいだで本当に安らいだとき、彼女は抑うつを含む自己を自分のなかに戻したのだった。

私はすでに「投影」という用語をあてはめてしまっているが、それは、本体(自己)の影を投げる「投影」は明らかに象徴的な表現——つまり象徴性がそこに含まれている洗練された熟語——だからである。この素材での「投影」は微妙な雲の動きのようである。それは抑うつ感と同定されるに至ったが、このように、その感情はアナライザンドと私の両者において言語水準(すなわち象徴水準)で同定できたのだった。「抑うつ感」という言葉にその投影物は収斂された。また、この投影性の排出は、彼女の前意識水準であり、のちに認識可能なものだった。この〈抑うつ態勢〉水準での排出としての *Projective Identification* は、ゆえに《投影同一化》と呼びたい。

相互交流のなかで

次に、より健康な相互交流性コミュニケーションとしての *Projective Identification* を見てみよう。

すでに共感についての私の論文においても明らかにしているように、[15] 治療者の重要な機能である「共感することと」において私たちは *Projective Identification* を日常的に使っている。自己をアナライザンドのなかに投げ入れて、アナライザンドの感覚や考えを味わっていこうとする。このようにしてアナライザンドについての理解を私たちは情緒的に深めて、それを解釈という言語性コミュニケーションに活用する。このとき、このメカニズムはほぼ前意識的か意識的に使われる（もしこのメカニズムが無意識的に使われているなら、治療者が自分自身と患者の区別を無くしてしまった対応をしてしまうことになり、そのことは治療者自身の病理性の深さを意味する）。

日常的な生活で次の状況がある。スポーツや劇や映画を見ているとき、私たちは自己をある選手や俳優に投影する。そして、たとえば野球である投手に投影したなら、見ているその投手になりきって私たちは我流に工夫して球を投げようと空想する。またスリラー劇で主人公の後ろから誰かが襲おうとしているなら、その主人公になりきって、私たちはハッと気づいて避けようとしたり、あるいは半分主人公になった感じのままヒヤヒヤしてしまう。ここでも私たちは *Projective Identification* を前意識的か意識的に使っている。ゆえに私たちは、映画やスポーツが終わった後にも長くその感覚を引きずることはない。

このように、相手の気持を推し量り、思い遣ったり、あるいは登場人物に自己を重ねるときには、私たちの自己がすっかり対象のなかに投げ込まれてしまってもともとの自分のなかでは跡形もなくなっているのではない。いわばアメーバのように対象に伸び出ていったようである。この様子は「視点がもとの自分にある」ことであり、「同一視」という用語をあてはめるのが適切と思える。つまり、ここでの *Projective Identification* には《投影同一**視**》という訳語がよかろう。

違いを超えて……

前節では次の提案をしたことになるだろう。

Projective Identification にはその「作動水準」や「コミュニケーション機能」に応じて三つの訳語が適《あ》て分けらる。すなわち、*Projective Identification* が精神病水準／具体思考水準ではたらいているのなら《投射同一化》と呼び、抑うつ不安水準／象徴水準ではたらいているなら《投影同一化》と呼ぶ。また、さらに健康な相互交流性コミュニケーションの水準での活動は《投影同一視》と呼ぶことができるだろう。

日本語においては *Projective Identification* は、その性質に応じて訳語を使い分けられるのである。いってみれば、訳語の棲み分けができる。一方、英語ではそれはたとえば、excessive とか massive といった形容詞をその前に付けることでより細かな意味づけがなされているものである。[22]

さて、このようなかたちで *Projective Identification* を日本語として位置づけたとしても、これらの「投射同一化」「投影同一化」「投影同一視」をひっくるめた呼称——すなわち *Projective Identification* 全体を呼ぶのに適切な用語——はないだろうか。あるいは、これらの三つの用語のなかから選べないだろうか。

それには《投影同一化》が適切ではないだろうかと私は考えている。そもそもクラインが *Projective Identification* を提言したとき、それは確かに〈妄想‐分裂態勢〉での心的メカニズムではあったが、のちにビオンやロゼンフェルドが精神病者において描き出したような[22]まったく具体化してしまっている *Projective Identification* ではなかった。それは無意識水準であるにしろ、内的空想として外界現実に侵入はしても、外界現実と同じ具体水準で織り交ざってしまうことはない。内的空想には外界現実とは違った象徴性がいくらか付与されている（ビオンのグリッドでは、思考の発達水準はC——夢・夢思考・神話の水準）。その意味では、「投射」ではなく「投影」である。しかしながら、侵入してしまうことは、自己が投影されてしまうことで、投影する主体から切り離されてしまうことなので、「同一視」より「同一化」と表されることに近い。よって、オリジナルな *Projective Projective Identification* は『投影同一化』と呼ぶことができる。これが第一の理由である。

次に、*Projective Identification* 全体を意味する日本語の用語であるなら、より幅広い内容をそこに含み得ることが望ましい。そうであるなら、〈妄想－分裂態勢〉の領域から〈抑うつ態勢〉の健康端までという広いスペクトラムを含む「投影」、そして、精神病状態から神経症、さらに健康な状態でも起こる「同一化」を選ぶことになるだろう。したがって《投影同一化》である。*Projective Identification* のこの線での日本語化の流れはすでに進み始めているようである。実際、最近の論文では「投影同一化」が使われている[4,5,21]。しかし一方で、「投影性同一視」も使われている[9,23]。

最後に「投影」か「投影**性**」かについて検討しておこう。projective は形容詞であるから、その意味で性が付くことは、**的**と同じく、形容詞の訳出に際して日本語で採られる常套手段である。ただし、その用語に馴染みが出てくると**性**や**的**が省かれることも多い。たとえば、かつては「妄想**的**－分裂**的**態勢」と呼ばれていた **Paranoid-Schizoid Position** は、最近では「妄想－分裂態勢（ポジション）」と呼ばれることが多い。そこには、日本語としての語感（言葉の響き）が大きな要素となっているのだろう。このようにしてみると、この用語を使い慣れてきた私たちは「投影性同一化」と丁寧に表す時期を終えて、《投影同一化》の時代に入ってもよいのではないだろうか。

おわりに

本章では、M・クラインが心的メカニズムとして見出した ***Projective Identification*** の邦訳用語として《投影同一化》が適切であると私は判断した。この《投影同一化》は、心的作動や機能の水準での下分類としての「投射同一化」「投影同一化」「投影同一視」を内包している。

文献

(1) Bion, W. (1959)「連結することへの攻撃」『メラニー・クライン トゥデイ①』松木邦裕監訳〔岩崎学術出版社、一九九三年〕
(2) Bion, W. (1961)「思索についての理論」『メラニー・クライン トゥデイ②』松木邦裕監訳〔岩崎学術出版社、一九九三年〕
(3) Casement, P. (1985)『患者から学ぶ——ウィニコットとビオンの臨床応用』松木邦裕訳〔岩崎学術出版社、一九九一年〕
(4) 福本修〔一九九三年〕「精神病様症状を持つ Schizoid Personality の治療過程と治療者の機能」『精神分析研究』37
(5) 藤山直樹〔一九九三年〕「原光景幻想の治療的あらわれと変形」『精神分析研究』37
(6) Grinberg, L. et al. (1977)『ビオン入門』高橋哲郎訳〔岩崎学術出版社、一九八二年〕
(7) Joseph, B. (1988)「投影同一化」『メラニー・クライン トゥデイ①』松木邦裕監訳〔岩崎学術出版社、一九九三年〕
(8) Kernberg, O. (1975): *Borderline Conditions and Pathological Narcissism*. Aronson, New York.
(9) 衣笠隆幸〔一九九三年〕「難治症例と逆転移」『精神分析研究』37
(10) Klein, M. (1946)「分裂的機制についての覚書」『メラニー・クライン著作集4』小此木啓吾・岩崎徹也編訳〔誠信書房、一九八五年〕
(11) Klein, M. (1961)「児童分析の記録」『メラニー・クライン著作集6』山上千鶴子訳〔誠信書房、一九八八年〕
(12) Kohon, G. (1986)『英国独立学派の精神分析——対象関係論の展開』西園昌久監訳〔岩崎学術出版社、一九九二年〕
(13) Malin, A. & Grostein, J. (1966): Projective identification in the Therapeutic process. *Int, J, Psycho-Anal,*

47.
(14) 松木邦裕〔一九九一年〕「ベータ要素(Bion, W.)の臨床応用の試み――精神分裂病理解への一寄与」『精神分析研究』35
(15) 松木邦裕〔一九九二年〕「共感することと解釈」『精神分析研究』35
(16) 小此木啓吾〔一九八〇年〕「精神分析理論」『精神医学大系 b1b』〔中山書店〕
(17) Rosenfeld, H. (1971)「精神病状態の精神病理への寄与」『メラニー・クライン トゥデイ①』松木邦裕監訳〔岩崎学術出版社、一九九三年〕
(18) Rycroft, C. (1968)『精神分析学辞典』山口泰司訳〔河出書房新社、一九九二年〕
(19) Segal, H. (1973)『メラニー・クライン入門』岩崎徹也訳〔岩崎学術出版社、一九七七年〕
(20) Segal, H. (1981)『クライン派の臨床――ハンナ・スィーガル論文集』松木邦裕訳〔岩崎学術出版社、一九八八年〕
(21) 祖父江典人〔一九九四年〕「陽性転移について」『精神分析研究』38
(22) Spillius, E.B. (ed) (1993)『メラニー・クライン トゥデイ①②』松木邦裕監訳〔岩崎学術出版社、一九九三年〕
(23) 館直彦〔一九九三年〕「治療の行き詰まりとその打開」『精神分析研究』37

初出

「Projective Identificationについて――日本語として受け入れられていくために」『精神分析研究』39-1〔一九九五年〕

Interactive Links

♣ *BEFORE this work ...*

スピリウス，B. E. 編 (1988)**『メラニー・クライン トゥデイ ①』**
松木邦裕監訳〔岩崎学術出版社、1993 年〕

投影同一化の理解に不可欠であり、かつ歴史的に重要な意義を有する諸臨床論文が収められている。著者はビオン、メルツァー、ロゼンフェルド、ジョセフとクラインを継承する第一級の精神分析家である。ここから始めるべきであろう。

AFTER this work ... ♣

松木邦裕・飛谷渉「投影によって変容されることと投影を変容すること」
『精神分析研究』47(4)，411-416, 2003

コンテイナー／コンテインド・モデルにおける分析関係で、投影同一化という心的ダイナミクスが面接者のこころというコンテイナーとどのような関係を持つかを描いている。臨床の実際がここにある。

松木邦裕『精神分析体験：ビオンの宇宙』〔岩崎学術出版社、2009 年〕

ビオンの理解に基づいた、原初的な排出として投影同一化からコミュニケーションとしての投影同一化まで、臨床ヴィネットを含めて述べている。

第三章　不安の変遷とエディプス・コンプレックス

成熟の場として

〝エディプス・コンプレックス〟とは、どのような「複合 *complex*」なのだろうか？

それは、自己と対象群でかたちづくられた三角形（父－母－子関係）、不安・愛情（嫉妬）・憎しみ（羨望）といった感情、性、性や好奇心をめぐる思考と思索と知識、といった要素群から成り立つ心的体験における「複合」である。

それでは、なにゆえに〝エディプス複合 *complex*〟は重要な概念であり、エディプス状況が精神分析治療に重要な意義をもっているのだろうか？　それは、エディプスの場においてこそ、不安が展開し、思考と思索は発達し、情緒が成熟していくからである。その内的体験を通して、私たちは私たちの自我を強化できるし、私たちの内的世界を情緒豊かで暖かく、そして秩序あるものにできる。

去勢不安とエディプス・コンプレックス

S・フロイト[5][6][7]がアナライザンドの不安の性質を探究していくなかで去勢不安に注目したとき、それは〝エディプス・コンプレックス〟と不可分なものとなっていった。彼は神経症（今日では精神病状態と理解されている病態を含むほどに広範囲の病態を、彼はそう呼んでいた）の中核葛藤にエディプス・コンプレックスを置き、そこでの中心不安は去勢不安だった。

ここでの〝エディプス・コンプレックス〟は、まさにその表現どおり、ソフォクレスの劇のなかでエディプスがその運命を辿っていく物語のなかに含まれる要素群の複合 *complex* であるが、三歳くらいの子どもの外界への知覚との重なりで展開される内的体験である。すなわち、男の子が精神性的発達のなかで、母親に性器期的に愛着し始める。そこで、その母親とカップリングしている父親を競争相手と見始めていくとき、愛情、憎しみ、そして嫉妬の感情がその三角関係のなかで高まっていく。好奇心や知識も高まる。やがてそれは「父親からの去勢の脅やかし」という去勢不安ゆえに、葛藤として著しい高みに達する。男の子は、現実と空想とが入り混じっていくその体験に突入していく。このエディプス・コンステレーションをどのように体験していくかが、個人の情緒発達に決定的な影響を与える。

ここで私は、フロイトが〈不安〉を「去勢」という視覚化でき象徴水準でもとらえることができる具体的な体験と結びつけていたことに注目したい。彼は〝エディプス・コンプレックス〟――彼の表現ではエディプス・コンプレックスの解消だが――を、具体体験からの、構造論に描き出されているような抽象化された「超自我の確立」「信号としての不安」といった抽象思索への大転回点と理解していた。このことは、のちにW・ビオン[2]が提示した思考の発達段階での〈C（夢・夢思考・神話）水準〉から〈D（前概念）水準〉〈E（概念〉水準〉へと高度に発達していく様として説明し直すことができる。

しかしながら、それにしても〝エディプス・コンプレックス〟は、思考の発達でのこの水準でのみ存在しうるものなのだろうか？　また、去勢不安は唯一の普遍的な不安なのだろうか？

不安についての理解

〈不安〉についての理解はM・クライン[11]と彼女の後継者たち――W・ビオン、[1]H・スィーガル、[18]H・ロゼンフェルド[15]――の研究に負うところが大きい。彼女たちは不安を、個人の内的体験に基づいて、心理学的にその性質を同定していった。クラインは不安をその性質から〈迫害不安 *persecutory anxiety*〉と〈抑うつ不安 *depressive anxiety*〉に分けた。そしてビオンらはさらに、発達最早期の不安として〈解体‐破壊不安〉〈破局的不安 *annihilation anxiety, catastrophe*〉を位置づけた。

私たちは生後半年までのあいだに漸次、〈解体‐破滅不安〉〈迫害不安〉〈抑うつ不安〉を体験していく。そこで、これらの不安の関連と性質を簡略に述べておこう。私たちは生まれたときすでに、自己（自我）や対象群を含む三次元的精神内界（内的世界）をもっている。しかし、その内的世界は混沌としていて、自己も対象群も部分的・断片的である。この混沌とした内的世界では、フロイトが提示した二つの本能――生の本能／死の本能――がその基底で作動している。内的世界は、「生の本能」に基づく愛情やリビドー性の欲動と、「死の本能」に基づく攻撃‐破壊欲動が交差し競いあう台座となっている。ここに私たちは〈不安〉を体験する。

破滅・解体不安

生下時には自我は脆弱である。欲求不満状況や攻撃・破壊欲動が圧倒してくる状況では、その苦痛に自我は耐えきれず、のちには統合された自己の基盤になりうる**よい自己**が破壊され断片化する不安を体験する。これが〈破滅・解体不安〉である。「自分が無くなってしまう」「自分がバラバラになる」と統合失調症者がその急性期に怯える不安と同じ性質のものである。

迫害不安

圧倒的な〈破滅・解体不安〉から何とか逃れようと、乳児はあがく。

そこで乳児は、愛情に充ちた**よい自己**を守り、強化し、その**よい自己**を、攻撃に充ちた破壊的な**悪い自己**部分から隔離しようとする。〈スプリッティング〉の心的機制を用いて、**よい自己**から**悪い自己**を能動的に分け、そのうえで次に、**よい自己**のなかに**よい対象**（愛情と滋養あふれる母親／乳房）をとり入れ、同化し、一方、**悪い自己**部分を**悪い対象群**（苦痛・毒をもたらす母親／乳房）のなかに排泄、投影する。

このようにして**よい自己**は強化されるが、一方、破壊的な**悪い対象群**はますますその攻撃性を高めていく。この時点では**よい自己**を育み確立するためには避けられないことだったが、その結果、**よい自己**が**悪い対象群**から攻撃されてしまいそうな不安な内的状況が産まれてくる。すなわち、自己の〈破滅・解体不安〉は対象群からの〈迫害不安〉へとその性質を変えた。自己のなかからの破壊からは逃れられないが、外からの迫害はその対象から逃れることで、まだしも回避できるところを、この変化は含んでいる。

かくして乳児は、中核となる「自己が破滅しそうな恐怖」は回避できた。しかし迫害対象は迫ってくる。

抑うつ不安

ところが、乳児の成長による自我のさまざまな機能の発達とそれらの連結、そして**よい自己**の愛情面への信頼の高まりは、内的世界の新たな状況を産み出す。自己は、外界に映し出されていた**よい対象**と迫害的な**悪い対象**とが同一の対象（母親／乳房）の別の側面だったことに気づき始める。対象の統合が起こり始めるが、それは、「力一杯破壊し駄目にしようとしていた対象が、実は理想的なよい対象でもあり、これまでの破壊行為ですでにそれらを壊し殺してしまったようだ」との重苦しい不安を自己は体験し始める。〈抑うつ不安〉である。それは罪悪感であり、後悔と悲哀・哀悼の苦渋に充ちた感情である。

〈抑うつ不安〉を避けず、もちこたえて、知覚していくことを歪めなければ、自己も対象群もそれぞれに統合されるし、それは、自己のなかの攻撃欲動を新たなかたちでの統合――自己を圧倒する破滅不安のかたちではなく、**よい自己**の支配下での攻撃欲動の制御――をもたらす。しかし、「**よい対象**を破壊したのだ」との恐怖や悔いがあまりに苦しくて耐えられないなら、自己は、成熟してきている自我機能やその連結を壊すことで〈抑うつ不安〉を打ち消そうとする。その勢いは〈抑うつ不安〉を〈迫害不安〉へと戻してしまいさえする。健康人においても、その後の情緒発達、思考や思索の発達は、〈抑うつ不安〉のもちこたえ、ワーク・スルーにかかっている。

ところで去勢不安は、実際のところ、これらの三つの不安（破滅・解体不安、迫害不安、抑うつ不安）の性質をとりうる。たとえば、あるパラノイアの男性は、治療者のペニスの存在を確認し彼自身のペニスの存在を確認する行為と空想を、セッションのなかにもたらしたが、その背景には「アメーバに呑み込まれるように彼自身が呑み込まれて消滅してしまいそうだ」と表現された破滅不安があった。

また、前述したフロイトのエディプス・コンステレーションでの父親からの去勢の脅かしは〈迫害不安〉にほかならない。そして、その後の体験――母親の愛情を独占することの断念を受け入れていく過程――は悲哀の体験であり、父親に向けた憎しみへの罪悪・悔いの感情には、その中核に〈抑うつ不安〉がある。

ここに至って私たちは、〝エディプス・コンプレックス〟の中心不安とされた去勢不安の性質を、フロイトの頃より細かく吟味できることを認識したうえで、エディプス・コンプレックスを再検討していくことができる。そしてその検討は必然的に、クラインやビオンさらにその後のエディプス研究[4][21]と結びついていく。

フロイト 再考

すでに述べたところだが、フロイトの示した〝エディプス・コンプレックス〟は、ビオンの思考の発達・成熟における〈C（夢・夢思考・神話）水準〉のそれであった。すなわち、物語性をもつことで「思考」として成立しているところにエディプス・コンプレックスの特徴がある。複合 *complex* を構成する要素群は物語（ストーリー）のなかに散りばめられており、物語の流れを通して複合としてのまとまり――すなわち思考――が成り立っている。

ここで短い臨床描写に、私の見る「フロイトのエディプス・コンプレックス」を描き出してみたい。
三十代の既婚女性Gさんは、職場での異性関係のトラブルから心身の混乱状態を呈し、紹介されて私との治療〔臥位週一回〕にやって来た。

Gさんは幼い頃に両親が離婚し母親に引き取られた。だが母親は、一人娘の彼女を祖母〔母親の実母〕のもとに預け、去って行ってしまった。しばらくの後、母親は彼女を引き取ろうと迎えに来たが、そのときには母親は新しい夫〔Gさんにとっては継父〕と一緒だった。治療のなかで次第に明らかになったのは、実父へのGさんの憧れであり、置き去りにされることへの恐れだった。そもそものトラブルのきっかけとなった彼女の恋愛相手の男性は、夫や継父と違い、実父のように身体が大きく、そして、野心的な男性だった。

私に抱きついたりキスしたりしようとする激しいアクティング・インによって私とのあいだを著しく性愛化しようとする試みを、Gさんは私の解釈を通して放棄し、私への信頼を確立した。そののち彼女は私との分析のなかで、祖母に預けられていた折に起こったエピソードを再体験していった。それは、「ある夜、家にやって来たアル中のおじが酔って狂暴になり、ガラスを叩き割りながら彼女を追いかけ襲って来る」という逃げ道のない切羽詰ったものすごい恐怖だった。彼女はカウチの上で怯え、身悶え、あまりの恐さに泣き叫んだ。この間、私は、彼女の過去の体験における母親とは違い、彼女のそばにいて、解釈を通して理解とふれあいを保ちつづけていった。私は彼女を心的に包み込みつづけた。

この恐怖を私とともにやり過ごし、その内容への理解を深めたあと、Gさんは近頃の母親の彼女への暖かい思い遣りや寛大さを実感し、語っていった。それは、それまで「拒絶的で要求がましいヒステリー女」と語られていた母親のまったく新しい側面だった。そしてさらにその後、母親に初めて聞かされた話――実父と母親は離婚後も仲がよく、Gさんに会いに来た実父を、母親はGさんとともに駅まで楽しく見送ったものだという話――を実感できるよいものとして自分のものにしていった。この頃には彼女は服薬をやめ、心身の状態はかなり和らぎ、彼女自身の子どもたちへの悲哀の仕事――罪悪感／抑うつ不安のワーク・スルー――を深めていった。

フロイトの〝エディプス・コンプレックス〟は、適切な外界そして内的な体験の積み重なりで生じた全体対象（三角形）に縁どられた三角スペースを形成する最も成熟したエディプス・コンプレックスである。そのスペースのなかで、D・W・ウィニコット(3)のいう「遊び」が展開されうるのだが、それはすなわち、〈抑うつ不安〉がワーク・スルーされ、不安の抽象化（信号としての不安）が形造られたり、思考や対象群の抽象水準への発達（象徴化）が成し遂げられることである。

Gさんの例に戻れば、彼女は私との転移体験のなかで、「過度な性愛化を脱した父親」「彼女の愛と憎しみの両面を引き受ける全体対象としての母親」「彼女自身」の三者から成る三角スペースを内的に確立した（駅の思い出）。そしてそのなかで、子どもたちや母親さらに私への思いやりと償いの作業に初めて打ち込んでいった。私とのあいだでの抱きつくといった激しいアクティング・インやその男性との狂暴なアクティング・アウトは消失し、分析は言語水準でのものになった。

〝エディプス・コンプレックス〟は物語性をもって初めて成立するものであり、そのスペースはまさに劇場である。Gさんの私とのあいだでの転移体験は、分析空間のなかでの彼女のエディプス葛藤の劇化だった。

クラインのエディプス・コンプレックス

クラインは論文「エディプス葛藤の早期段階」において、フロイトが考えていたよりも早期（生後一年以内の離乳期）にエディプス葛藤が始まると捉え、男児の〈去勢不安〉は性器期段階の不安ではなく、口唇期・肛門期性の不安であると理解した。[9] 彼女はこのように、前性器期のリビドーや攻撃欲動と超自我、罪悪感を含む〝エディプス・コンプレックス〟を描き出した。

またクラインは「早期不安に照らしてみたエディプス・コンプレックス」において見解を推し進めた。[10] この論文は十歳の男児の分析におもに基づいているが、そこでは彼女は、生後六ヵ月頃の口唇期の〈抑うつ態勢〉が乳児の心性に現れてくる時期——迫害不安が軽減し、愛情が優勢になってきている〈抑うつ不安〉の出現期——に〝エディプス・コンプレックス〟が顕わになってくる、との最終見解を示した。

クラインは〈空想 *phantasy*〉のなかでのエディプス・コンステレーションを鮮明に描き上げた。それはたとえば、乳児が、母親対象部分の滋養あふれる乳房との関係での欲求不満——とりわけ離乳による欲求不満——から、父親のペニスに口唇性欲求充足を向けるようになるが、そこで「母親の乳房のなかの父親のペニス」という部分対象群による三角関係状況を感じるようになる。そこに、呑み込み・羨望・貪欲さといった前性器期水準の愛情や憎しみの感情が交差し、乳児は〈迫害不安〉と〈抑うつ不安〉に苦悩していく。

クラインはフロイトのエディプス・コンステレーションをそのままにして、その時期を口唇期水準に移して「早期エディプス・コンプレックス」を構成した(ここでは必然的に「前エディプス期≠前性器期」であることが示されている)[8][9]。それはフロイトの〝エディプス・コンプレックス〟のそのままの継承だった。少なくともクライン自身はそうであることを力説した。しかし私の記述のなかで自ずと明らかになっているように、エディプス・コンプレックスの複合 *complex* を作る要素群は同じでも、それぞれでの質の違いは明白である。

その質の違いをまとめると、おおよそ次のようである。フロイトは〈抑うつ態勢〉での〈抑うつ不安〉を本質的に性器期の〈去勢不安〉の本態と見ており、その不安が象徴化されて取り扱われる段階に注目していた。けれどもクラインは〈妄想-分裂態勢〉と〈抑うつ態勢〉の移行期の〈迫害不安〉と〈抑うつ不安〉の揺れ動き(抑うつ不安の出現期)でのエディプス要素を見ていた。その要素は部分対象群であり、早期不安(とりわけ迫害不安)であり、心的機制ではリンキングよりスプリッティングが作動し、情緒では貪欲さや羨望が活発で具体化しやすく、そして、エディプス要素群の集まりからなる物語性が成り立ち難い。

臨床描写のなかに描き出してみよう。

Hさんは四十代の既婚男性だが、「仮想の敵が侵入してくるのでそれがもたらす汚れを取り除かねばならない」との妄想性強迫のために分析治療を求めてきた。

私との分析治療のなかで、その「仮想の敵」は幼児期にHさんを支配していた母親であることに、彼は気がついた。現在も同居しているその母親も重篤な強迫症状をもっていた。

Hさんは、幼稚園への不登校をめぐって「押入れ」に閉じ込められ、決定的に母親に追い詰められ、屈服させられたのだが、その身動きできなくなる恐怖に今も圧倒されがちだった。彼の強迫はその苦闘の産物だった。そこには彼を窒息させる「一面的に」完璧な母親とすっかり圧倒された彼しかいなかった。エディプス状況は見えなかった（すなわち《見えないエディプス・コンプレックス》[13]）。

だが、私とのあいだでの転移体験や実生活のなかで起こった母親からの拘束の再現と理解できたある出来事を、私とともに苦闘しながら見ていくなかで、Hさんは、母親の「一枚岩」のような圧倒的な強さが、実は母親自身のものではなく、父親の信念を母親が無変形のままとり込み、それを享受し、Hさんに強制していることが見えてきた。その父親の信念こそ、彼が得たいと思っており、得たつもりのものだった。これは「一枚岩」の母親のなかの父親のペニスへの気づきだった。

この「エディプス三角」の発見はHさんにとって、圧倒されるだけで取り扱いようのなかった〈迫害不安〉を取り扱うスペースをもたらした。彼は新たな対象を見出したことで、仮想の敵や母親とのあいだの拘束関係での「身動き出来なさ」から解放されていった。内的な対象としては機能しておらず、ゆえに、存在していなかったようでもあった妻が、彼に共感的に介入する人物として浮上してきたのだった。

クラインの〝エディプス・コンプレックス〟は、自己をそこに含めた「エディプス三角」によるスペースが確立され始める段階であり、フロイトのエディプス・コンプレックスより原初的なその要素群によって構成されている。そこでは対象群や体験様式、情緒はもっと具体性を帯びており、不安は迫害性を帯びたより原初的なものである。そして、このエディプス・コンプレックスを扱おうとする「思考」自体が、より原初的なそれなのである。

なお、クラインが示した〝エディプス・コンプレックス〟の「早期出現」状況は、その後、H・スィーガルによっても臨床例のなかに鮮やかに描き出されたし、[17] H・ロゼンフェルドはそれを統合失調症患者の分析のなかで描き出した。[14]

ビオンの貢献

ここまで述べてきた〝エディプス・コンプレックス〟理解では、ビオンの貢献が下敷きにされている。ビオンはエディプス理論の諸要素 *elements* を検討した。[1,2] 要素として、①父母子関係への気づき、②情緒に関した前概念、③①によって引き起こされる心理反応を挙げ、性・好奇心を加えた。これらの「リンキング〈連結〉」と「断裂」は、L（あえて意味をそこに入れるなら、愛情 *Love*）、H（同じく、憎しみ *Hate*）、もしくはK（同じく、知識 *Knowledge* あるいは知識欲 *desire to know*）によって成し遂げられる。

フロイトの〝エディプス・コンプレックス〟はこれらの諸要素が物語という形式によって「リンキング〈連結〉」され、ひとつの思考――〈C（夢・夢思考・神話）水準〉の思考――でその意味を表出している。

しかしながら、エディプス要素群の「断裂」によって〝エディプス・コンプレックス〟は、思考の原初水準であるアルファ要素（B）やベータ要素（A）水準にもなりうる。つまり、ここでビオンは、実際には〈C水準〉の思考だけでなく、アルファ要素やベータ要素という他の水準の思考が入り混って表されている幼児の早期エディプス状況を、クラインが〈C水準〉思考としてまとめてしまっていた誤謬を整理した。ビオンのこの視点に基づいて整理すると、統合失調者でのエディプス状況を描き出したロゼンフェルドは、とりわけ、〈A水準（ベータ要素）思考〉でのエディプス・コンプレックスを著していたのである。[15]

もうひとつの貢献として、ビオンは、エディプス三角を形成する「接合しているカップル *mating couple*」に注目した。その「カップル」は、主体（患者）が関与できないままに「破壊‐怪物‐赤ん坊」もしくは「創造‐赤ん坊」との三角を創り出す。またあるいは、その主体がカップルを創り、前述のどちらかの赤ん坊が産み出される。ここは「エディプス三角」が創り出され始めるまさにそのとき――生来の前概念としてのエディプス状況の最初の現実化過程――が描かれている。そこでは「エディプス概念」が破壊されてしまう恐れ（最も原初的な不安である破滅不安／カタストロフィ）が作動している。

Iさんは二十代後半の、社会的にはほとんど機能していない男性である。彼は小学校時代すでに「神からの懲罰の不安、確認や償いの強迫」に苦しんだ。幾つかの治療ののち、分析治療を求めて私のもとにやって来た。Iさんの母親は統合失調症であり、父親は強迫傾向が著しく、弟も自宅に引き込もっていた。

週三日の分析治療を始めた頃、Iさんはすべての感情を排除しようとしていた。それは『ゴルゴ13になりたい』と語られていた。彼は情緒を含む人とのあいだがらを持てなかった。彼は物との関係を比べるものがないほどの貴重なものと感じ、本やメモ、電気製品を強迫的に完璧にして、これらに自己を投影し、一体化することを繰り返していた。

治療開始後三年を経て、Iさんは自身のなかの空想や感情を認めはじめた。それは、神と結びついて彼を脅やかす母親への憎しみ、その母親と結びついてよいミルクを満喫している弟や妹への羨望、という彼には明らかに耐えられないものだった。それらをより実感していくと、Iさんは、自分はもはや不要な存在であり、消滅していくと感じた。いかなるカップルの存在も、彼には耐え難いものしか産み出さなかった。自分を〈マイナスK〉に保つことでしか崩れてしまいそうなこころのバランスを維持できない、と感じていた。私とのあいだでも「よい赤ん坊‐洞察」を産み出すカップルを創れず、取り扱えない「殺人的な感情‐怪物

―赤ん坊――憎しみ・羨望・貪欲さ」を産み出すことを恐れ、情緒や言葉の接合を避けつづけていた。

私たちはそもそも無意識の前概念に「エディプス三角」を創り出す「カップル像」を保持している。起源的には「母親のなかのペニスと膣」のカップルであり、「乳首と口」のカップルである。[12][13]ビオンの言葉では「コンテイナー *container* とコンテインド *contained*――♀／♂」のカップルでもある。前概念のカップルがどのように実感されるかが、エディプス葛藤の水準を大きく規定する。

分析治療状況に戻ってみるとき、プラス♂／♀となる患者と分析家のカップルは、創造的な理解を産み出す。一方、マイナス♂／♀のカップルとしての患者と分析家のあいだには、破壊的で不毛な知的インターコースしかもたらされず、カップルの連結は破壊されてしまう。これらはもちろん、患者のなかの内的なカップルの投影であり、起源的なエディプス葛藤の反映である。

おわりに

①自己と対象群から成る「エディプス三角」は、いってみれば、そこで「情緒」と「思考」が取り扱われる対象関係の舞台・劇場である。

②この「エディプス三角」でのエディプス・コンステレーションは、個人に生来備わっているひとつの前概念 *innate preconception*〔W・ビオン〕であり、出生後あるいは出生前からその萌芽がすでに内的に存在しており、それから発達していくものである。

③精神内界でのこの前概念としての〝エディプス・コンプレックス〟が現実外界とのあいだでの適切な体

験と出会うことで、エディプス・コンプレックスの「心的実感 *realization*」が引き起こされ、エディプス葛藤の性質が規定される。

④そうした意味では、フロイトの〝エディプス・コンプレックス〟は、適切な体験の重なりで生じた「全体対象トライアングル」が形を成してスペースを形成している。そこにはより成熟した情緒と思考がある、最も成熟したエディプス・コンプレックスである。

⑤他方、クラインの〝エディプス・コンプレックス〟は、自己を含めたそのスペースの確立途上でのエディプス・コンプレックスである。そこでは不安は、迫害性質を濃く帯びたより原初的なものである。そこでの葛藤は、精神病性思索からの分岐点でのエディプス葛藤である。

⑥ビオンはさらに、「創造的な赤ん坊」もしくは「破壊的な赤ん坊」を産み出す、つがっているカップルに注目した。生来の前概念としてのエディプス・コンステレーションの最初の現実化過程がここにある。

⑦私たちは精神分析臨床において、このように異なる水準のエディプス葛藤に出会っている。ゆえに私たちは、分析治療のなかでのエディプス状況を見定め、それが不安などの情緒と思考を取り扱う適切なスペース／劇場として機能していくよう患者を援助していく役割を荷う。

ビオンは、現在までのところ〝エディプス・コンプレックス〟を思考の〈C（神話・夢・夢思考）水準〉を越えたところ——より抽象化された思考として包み込む概念——をいまだ手に入れていないと考えていたようである（ビオン自身の探究はまさに、その概念を得ようとする試行錯誤の連続だったと私には思える）。

ゆえに私たちは、つまるところ、〝エディプス・コンプレックス〟が含むその具体的な情緒を体験していく重みにもちこたえていかねばならない。〈抑うつ不安〉のワーク・スルーを続けていくことになる。それを無理に「知」に結びつけようとすること（マイナスK）からは破局しか生じない。統合失調症の患者が〈破滅不安〉に圧倒される悲劇がここに引き起こされる。彼らの発病前後のものすごい好奇心と発病後の無関心の増大がここにある。バベルの塔は崩れてしまった。

Ｊ・スタイナーはソフォクレス著『エディプス王』の続編『コロノスのエディプス』[19]を引用して、追放されたエディプス自身が〈抑うつ不安〉「罪悪感」にもちこたえきれず、〈迫害不安〉のもとに「躁的万能感」と後退してしまう悲劇を明らかにした。[20] そのようにして、エディプスはその生涯を終えた。そのエディプスの最期は、いまの私たちの最期でもあるのだろうか？

文献

(1) Bion, W. (1962): *Learning from Experience*. Reprinted by Karnac, London, 1984.
(2) Bion, W. (1963): *Elements of Psycho-Analysis*. Jason Aronson, Northrale NJ, 1983.
(3) Britton, R. et al. (1989): The missing link: parental sexuality in the Oedipus complex.in Steiner, J. (ed) *The Oedipus Complex Today*. Karnac, London.
(4) Feldman, M. (1989): The Oedipus complex: manifestations in the inner world and the therapeutic situation. *ibid*.
(5) Freud, S. (1913)「トーテムとタブー」『**フロイト著作集３**』〔人文書院、一九六九年〕
(6) Freud, S. (1921)「自我とエス」『**フロイト著作集６**』〔人文書院、一九七〇年〕
(7) Freud, S. (192)「集団心理学と自我の分析」『**フロイト著作集６**』〔人文書院、一九七〇年〕
(8) Klein, M. (1928)「エディプス葛藤の早期段階」『**メラニー・クライン著作集１**』西園昌久・牛島定信編訳〔誠信書房、一九八三年〕
(9) Klein, M. (1945)「早期不安に照らしてみたエディプス・コンプレックス」『**メラニー・クライン著作集３**』西園

昌久・牛島定信編訳〔誠信書房、一九八三年〕
(10) Klein, M. (1946)「分裂的機制についての覚書」『メラニー・クライン著作集4』小此木啓吾・岩崎徹也編訳〔誠信書房、一九八五年〕
(11) Money-Kyrle, R. et al. (1971): The Aim of Psycho-analysis. In *The Collected Papers of Roger Money-Kyrle*. Clunie Press, Perthshire, 1978.
(12) Money-Kyrle, R. (1977): On Being a Psycho-analyst. *ibid*, 1978.
(13) O'Shaughnessy, E. (1989): The invisible Oedipus complex. In Steiner, J. (ed) *The Oedipus Complex Today*. Karnac, London.
(14) Rosenfeld, H. (1952)「急性精神分裂病者の超自我葛藤の精神分析」『メラニー・クライン トゥデイ①』松木邦裕監訳〔岩崎学術出版社、一九九三年〕
(15) Rosenfeld, H. (1987)『治療の行き詰まりと解釈——精神分析における治療的／反治療的要因』神田橋條治監訳〔誠信書房、二〇〇一年〕
(16) Segal, H. (1967)「メラニー・クラインの技法」『クライン派の臨床』松木邦裕訳〔岩崎学術出版社、一九八八年〕
(17) Segal, H. (1972): A Delusional System as a Defence against the Re-emergence of a Catastrophic Situation. *Int J Psycho-Anal* 53.
(18) Segal, H. (1989): Introduction. In Steiner, J. (ed) *The Oedipus Complex Today*. Karnac, London.
(19) ソポクレス『コロノスのオイディプス』高津春繁訳〔岩波文庫、一九七三年〕
(20) Steiner, J. (1990): The Retreat from Truth to Omnipotence in Sophocles' Oedipus at Colonus. *Int Rev Psycho-Anal* 17.
(21) Steiner, J. (ed) (1989): *The Oedipus Complex Today*. Karnac, London.

初出
「不安の変遷とエディプス・コンプレックス」『精神分析研究』36-1〔一九九二年〕

本章の〝インターアクティヴ・リンクス〟は、次章末を参照されたい。

第四章　エディプス・コンプレックス——さらなる理解へ向けて

クラインとエディプス

ここでの話もやはり、M・クラインから始めなければならない。なぜなら、〝エディプス・コンプレックス〟をもっともラジカルに変容させたのはクラインだからである。彼女の主張は、精神分析初期に議論が重ねられた「エディプス・コンプレックスの存在の有無」についてではなく、エディプス・コンプレックスの強調にあった。この点でも、クラインはフロイトよりもラディカルに精神分析的に思考する人だった。[7]

クラインは〝エディプス・コンプレックス〟の発現を「離乳期」——乳児の心的発達での〈抑うつ態勢〉の時期——に位置づけた（のちに『羨望と感謝』においては「生後四〜六ヵ月のあいだ」に置くことになる）。当然、超自我の発生もこの時期になる。さらにクラインは、エディプス葛藤における口唇的・肛門的な攻撃性を重要視した。つまるところ彼女は、部分対象としての両親カップルと主体の三者関係を描き出したのだが、このことは——フロイトは試みなかったのだが——原光景とエディプス・コンプレックスを直接につなげることでもあった。[8][9][10]

ちなみにR・ブリトンは〝エディプス・コンプレックス〟と〈抑うつ態勢〉の関係を「このふたつの状況は、一方なしには他方は解決されないほど、不可分に絡み合っている」、「エディプス・コンプレックスは抑うつ態勢をワークスルーしようとする努力のなかで緩和され、抑うつ態勢はエディプス・コンプレックスをワークスルーしようとする努力のなかで緩和される」、「両者には終わりがなく、人生の新しい状況のたびに取り組み直されねばならない」と、両者の関係を明瞭に述べている。[6]

ところで、クラインがいわゆる「早期エディプス・コンプレックス」を臨床で熱心に検討していたとき、彼女においてはアブラハムの影響を受けたリビドー論とフロイトのすべての理論がモデルだった。しかしながらその後、彼女は「〈妄想‐分裂態勢〉から〈抑うつ態勢〉へ」という独自の乳児の心的発達モデルを確立する。早期エディプス・コンプレックスについての最後の力作「早期不安に照らしてみたエディプス・コンプレックス」が一九四五年に発表され、翌年に妄想‐分裂態勢を明示した「分裂的機制についての覚書」が著されたという事実には、興味深いものがある。そして結果としてクラインは、ふたつの態勢と早期エディプス・コンプレックスとの関連の検討をみずからは探究せず、後継者たちに委ねることになった。それは、早期対象関係とエディプス・コンプレックスの検討と言い換えることができるかもしれない。

ここに、もうひとつの要因が加わる。それはW・ビオンの存在である。ビオンはクラインとの訓練分析の影響のもと、精神病の精神分析臨床体験を踏まえて、思考の発達や内的・外的コミュニケーションの展開に基礎を置きながら、独自のメタサイコロジーを創造した。このビオンの人間観・精神分析観は現代クライニアンに、クラインと同等か、それ以上の影響を及ぼしている。[1][2][3][4] それでは〝エディプス・コンプレックス〟と称される精神分析臨床に基づいた人間観についての、ビオンや現代クライニアンの視点や見解を解説していこう。

ビオンとエディプス

ビオンは思考が成熟していくプロセスを考察したが、そこから〝エディプス・コンプレックス〟についても独自の視点を持ち込んだ。すなわち、エディプス理論における従来の「性的感情／リビドー」にまつわる局面より、「知」の側面に注目したのである。

知ること（ビオンの言葉ではK）は、概念のリンキング――つまり心的な性交――によって産み出される。それは、結合したカップル（結合両親像）に向ける「羨望」に起因したリンキングへの攻撃に走らず、そこで感じる欲求不満にもちこたえることによって達成される。ここには「重篤な病理におけるエディプス的-部分対象-三者関係」が述べられている。「内的エディプス関係」といえるかもしれない（この点にはあとで、ビオンの臨床や現代クライニアンのところでもう一度ふれよう）。

ビオンはまた、思考の成熟水準として、エディプス・コンプレックス理論が諸要素を相互に関連させるという構造をもち、抽象化が欠けていることを指摘している。つまり、エディプス状況における物語的ネットワークが諸要素に意義を与えるということである。言い換えるなら、エディプス・コンプレックスを構成する諸要素*が、ひとつの物語という〈C水準の思考――神話・夢・夢思考〉として配置されていることによって、こころについての意味をもつ重要な公式となると考えた。

これは精神分析臨床において、とても興味深い考えである。というのは、私たちがいわゆる転移神経症として治療的な展開につながるものとする、分析セッションで治療構造と治療関係にあらかじめ備わっているコンステレーション（布置）に重なりながら諸要素がドラマタイゼーションされていく、クライエントの意識的／無意識的空想の現れ方は、まさにこの〈C水準〉の思考だからである。そして、それが治療者の「解釈」という言語による介入によって統合（PS→D）されることで言語的に抽象化された前概念〈グリッド〈D水準〉思考〉となり、ついには「洞察」されることで、いずれもっと高次の水準の思考／言葉による概念〈グリッド〈E水準〉思考〉におさまっていく。

つまり、転移される意識的／無意識的空想の定型としてのエディプス空想の治療的意義を、ビオンは思考の発達という面からも裏づけているのである。しかしながら、それに留まらない。ビオンの思考の成熟理論は、フロイトのグリッド〈C水準〉の〝エディプス・コンプレックス〟の物語が成り立つ前のエディプスの諸要素からなる〝エディプス・コンプレックス〟が存在することも示す。〈C水準〉の思考が断片化（D→PS）したときには、〈B水準〈アルファ要素〉〉もしくは〈A水準〈ベータ要素〉〉となる。前者はクラインの早期エディプス・コンプレックス――なかでもより原始的なエディプス状況――に対応するだろうし、後者のベータ要素としてのエディプスは、精神病者に見られるものと位置づけられるだろう。

もうひとつ、ビオンの考えとして追加しておきたいことがある。晩年のビオンは、臨床セミナーの記録を読んでも「コンテイニング」「コンテインメント」「もの想い」といった母子の二者関係についての概念化された用語をまったく使っていない。彼は精神分析臨床場面を、そのクライエントの病理の重篤さに関係なく、三者関係としてとらえていく。つまり、治療者とクライエント、そしてそのふたりを見ているクライエントという関係である。これは先ほど「知ること」との関連で述べた「一組のカップルと第三者」という内的なエディプス構造として概念化できるのではないだろうか。

たとえばビオンは、臨床セミナーで次のような一連の発言をしている。(5)

分析セッションで黙って泣きつづける二十四歳女性の治療場面へのコメントとしてビオンは『彼女〔二十四歳の女性〕は、あなた〔分析家〕と彼女自身との会話、つまりことばでの性交 *intercorse* が、涙にくれてしまう十二歳の子〔かつての彼女〕によって邪魔されてしまうのを恐れています。また、彼女と彼女の未来の夫との性交が十二歳——いやおそらくは一歳か二歳——の子によってさえ邪魔されてしまうのも恐れています』と語る。また、セミナーでの別の機会には次のように述べている。——『私としては、部屋のなかに実際にはふたりがいること、でも、あなた〔分析家〕と彼女自身とのことばでの性交を見ている観察者もいるという事実に、彼女の目を向けさせたいと思います。すなわち、彼女はあなたとの会話に加わっている一方で、それを聞いてもいます。「言い換えると、あなたと私は、ひどく詮索好きの人物——それもあなたなのですが——から見られていると思います」と私は付け加えるでしょう。そのとおりだとしたら、私たちは基本的なものを扱っています。知識の木の実を食べるよう人を駆り立てた好奇心についての聖書の物語と似たところがあります。これは三人の人物「アナリスト、アナライザンド、観察者」を巻き込んでいるダイナミックな状況です。しかし、ある瞬間に誰がどの役割を担っているのかが私たちにはわかりません。それは絶えず変化しています。それが「三角」関係と呼べるという意味でも根源的なのです』。

他にも、『アナリスト・患者・沈黙という三つの人々、あるいは三つのもの』と語ったり、『彼女・彼女の自己・どちらでもない誰か〔アナリストのこと〕という三人の人物』と語り、三者関係を見出している。

このように、ビオンは晩年においては、人はそもそも、おそらく子宮内にいるときから三者関係を生きていると考えていたに違いない（最晩年の精神分析的小説とされる著作『未来についての回想』でのさまざまな登場人物の会話は、この三者関係に生きているという考えが基底にあって成立していると私には思える）。ビオンは、人はエディプス三者関係の概念を生来持ち発達させていく、と考えていたのではないだろうか。

そのような意味では、ビオンは〝エディプス・コンプレックス〟と呼ばれる複合体には、人間の在り方の根源的真実が含まれていると考えていたように思われる。そして彼は、フロイトやクラインとは違った視点から〝エディプス・コンプレックス〟を捉え、精神分析臨床にそれを活用していたといえよう。

現代クライニアンによる理解

クライン派精神分析においては、ある時期までは〝エディプス・コンプレックス〟は目立った討論や研究のテーマではなかった。[11] それは、ビオンがエディプスをとりあげた一九六〇年代においてもそうだった。しかし母子の二者関係に重点を置いたクラインの新しい考え──すなわち〈妄想‐分裂態勢〉や〈抑うつ態勢〉や〈投影同一化〉──についての検討が一段落した一九八〇年代後半において、〝エディプス・コンプレックス〟は再び、とくに〈抑うつ態勢〉や〈原光景〉との関連でクライニアンのあいだでもその臨床的な重要性が注目されてきたように思われる。[12] クライン派分析家のなかでも、R・ブリトン、E・オーショウネスィ、M・フェルドマンはとくに興味深い臨床素材を提示している。

オーショウネスィは、思春期に入りかかった男の子のケースを提示し、一見「母子の二者関係」の問題として治療者が取り扱いそうな臨床現象が、実は「エディプス三者関係」として捉えるべきものである、という重要な視点の相違を示している。そこでは〝エディプス・コンプレックス〟が主要な葛藤として存在しているにもかかわらず、そのエディプス部分対象が破砕されて──つまり部分対象がさらに断片化されてしまい（すなわちD→PS）──見えないようにされている状況（ビオンのいう「見えない幻視」に近いもの）にあったことを描き出した。そして彼女は、母子の二者心理を取り扱っているところでは類似していると見られやすいコフートの自己心理学が〝エディプス・コンプレックス〟を否定しているのとは対照的に、クライン派精神分析では〝エディプス・コンプレックス〟にきちんと着目していることをここで強調している。

フェルドマンもビオンの影響を強く受け、「思考の成熟」と「エディプス・カップル」との関係を検討している。患者が患者の内的世界に存在するエディプス配置について健康に折り合いをつけているなら、創造的な活動として性交についての内的モデルを得られるものの、エディプス・カップルについての「奇怪で破壊的なカップルを作る結びつき」という空想は、思索のさまざまな障害を引き起こす、と考えた。さらに、エディプス・カップルの連結（もともとは口と乳房というふたつの対象の結合）についての空想が、思考と感情をつなぐリンクを創るようこころを使うのを可能にするところも述べている。こうして真に理解することとは、創造的な性交ができるエディプス・カップルとの同一化にかかっている、とフェルドマンは述べる。

ここではとくに、私自身がもっとも評価しているR・ブリトンの〝エディプス・コンプレックス〟をめぐる考えを詳しく紹介しよう。ブリトンは〈抑うつ態勢〉におけるエディプス「三角空間 *trianglar space*」を三角の境界内の特別な心的空間として重要視している。それは、エディプス状況での三人の人物と、それら三人の作るあらゆる関係によって境界づけられている空間である。

この心的空間においては、子どもはそれぞれの親とそれぞれの関係をつくることができるとともに、両親をカップルとしても認識する。ゆえに「エディプス三角」は、二人の関係の観察者であると同時に、ひとつの関係での当事者であり、第三者から観察されている可能性をそこに含んでいる。愛と憎しみの感情でもって受け止められる両親のあいだのつながりが、子どものこころにおいて持ちこたえられたとき、対象関係が観察できる「第三のポジション」が姿を現してくる。これが、他者と交流している自分を見、かつ自分の見方を保ちつつ別の見方も味わう能力、自分でありながら自分を省みる能力を授けてくれるのである。ここにこころの自由がある。

私たちがみずからの信念の真実性や現実性を吟味しようとするなら、まずそれらが信念であって事実ではないことに気づかなければならない。このことを為し遂げるためには、その考えと私たちがどのように結びついているのかを観察する必要がある。前述した「三角空間」から得られた「第三の視点」によって、それが可能となるのである。

これは「結合両親像」といった早期エディプスの原始的関係とは、とても異なっているところである。結合両親像と子どものあいだには三角空間は確固としては存在せず、それは客観性を欠いた、主観だけが過剰になっていくだけである。H・ロゼンフェルドが、分析家の客観的な解釈に耐えられない薄皮 *thin-skinned* の自己愛患者と呼んでいた人たちがここに入る。あるいは「第三の対象」に同一化してしまうことで、過剰な客観性となる。そこでは主観的な自己は犠牲になり、自分を観察されるひとつの対象として扱い、体験はされない。スキゾイド的解決、もしくは解釈に免疫があるように見える厚皮 *thick-skinned* の自己愛患者である。

ブリトンは、この「三角空間」はそもそもビオンのコンテイナー／コンテインドという二者の関係から発達したものだと考えた。ビオンの考えでは、コンテイナー／コンテインドは子どももその一方として関与している関係だったのだが、両親のカップルは、子ども自身が排除されているよいコンテイナー／コンテインドであるとの認識がこの発達過程でもたらされ、それが〈抑うつ態勢〉における分離や両親のリンクの意味合いを受け入れる作業を推し進めることになるのである。

しかしながら患者によっては、エディプス状況の出現は「苦痛」なだけでなく「破局」として恐れられる。それは、このような患者はそもそも母子関係でのコンテインメントの過程を経て安心感に根ざした母親対象を確立しないままに、空想や事実のなかで原光景に出会っているからである。その結果、誤解のあった体験を排除し、それを第三の対象のものとすることでようやく「よい母親対象」を信じられる。この「第三の対象」とは、原始的エディプス状況での父親（原光景での母親のパートナー）である。そのためこうした患者では、父親は悪意に満ちた誤解の権化となり、次には、空想上の両親の結合が、理解してくれる対象と悪意に満ちた誤解する対象を合体させ、矛盾・無意味・混沌を具現する結合像をつくりあげてしまう。

こうしたブリトンの考えは彼の更なるアイデア「エディプス錯覚／幻想 *oedipal illusions*」という考えにもつながっていく。この「エディプス錯覚」は、エディプス状況の心的現実[**]に敵対する防衛空想であり、エディプス願望〈異性の親との性的結合が実現し、満足があるとする心的状態〉である。このエディプス錯覚が続くと、〝エディプス・コンプレックス〟の正常なワークスルーが妨げられてしまう。競争やその放棄といった正常な過程がいつまでも体験されない。

この錯覚は、エディプス神話では、エディプスが家来に囲まれて自分の母親である妻とともに王座にいる状態だとブリトンは考える。そこでは家来たちは、すでに半分は知ってはいても見て見ぬふりをしている。ここでは、好奇心がカタストロフィックな結末を引き起こすと感じられる。たとえば「エディプス三角」の発見は、養育カップルや親カップルの死であると感じられる。この空想では「第三者」の概念の到着は、いつも二者関係を殺害する。

分析治療との関連ではブリトンは、ある若い女性が、自分の教師との職業的な関係に相思相愛の恋愛関係という密かな意味を与えていたが、いったん分析が始まると、分析家について、同じ性愛的な意味と、分析が二人の結婚で終わるという信念で満たされていた、との例を挙げ、このような願望充足的な考えは分析のなかでは隠されていることが多いと述べる。またさらに、この転移性の錯覚は、患者が耐えられない転移状況と感じているものから自分を守ってくれるように感じられる、そして、それが続いているあいだは、患者は分析家のすべてのコミュニケーションをこの「エディプス錯覚」の文脈から受け止める、と述べている。

心的「三角空間」において「第三の対象」がとても重要であるということは、ラカンの「個人は母親と共有する想像－世界から出て、すでに存在している父親の象徴的秩序に入れられる」という考えと類似している。しかしブリトンは、患者によっては〈転移〉のなかで母親の存在を偶像視し父親の言葉を嫌悪する者もいれば、父親の言葉を崇拝し母親の肉体を呪う者もいることを指摘し、「母親のコンテインメントの失敗が〈抑うつ態勢〉やエディプス状況のワークスルーを妨げ、それゆえ象徴化の能力が制限され父親との世界を困難にする」と、ラカンとの違いを述べている。

それでは「三角空間」は、D・W・ウィニコットの「移行空間」の考えとどのように違うのだろうか。ブリトンの考えを紹介しておこう。

ウィニコットは「心的空間は、母子という二者関係にある二人が相互に承認しあっていることによって生じてくる」と述べた。つまり、心的空間を主体と対象のあいだの一種の中間領域（錯覚のための中間地帯）であると考えた。しかしブリトンは、心的空間は三者関係の「三角空間」から起こると考えている。

さらにブリトンは、フィクションのための空間という、想像の「もうひとつの部屋」についても述べている。三者関係での他の二者の関係が見えないときに存在してくるのが「もうひとつの部屋」である。言い換えるなら「もうひとつの部屋」は、目撃されない原光景の在り家――その原型は親の寝室――なのである。究極の原光景は、観察されるのではなく、想像される。それは原初対象と「エディプス三角」のもう一人のメンバーのあいだで私たちが不在のときに起こる、と私たちが信じる活動である。見えない原光景は、私たちの想像だけで占められている。すなわちフィクションなのである。この「もうひとつの部屋」を想像したり夢見たりするに留まらず、その部屋に住もうとする試みは、ヒステリーに特徴的である。それは、フィクションが真実からの逃避をもたらすように、現実からの逃避をもたらしてくれる。ただ、フィクションは心的現実――自己や内的世界についての真実――を探究していく手段ともなりうることもブリトンは述べている。

おわりに

私は現時点では、二者関係から三者関係が派生してくるとは考えていない。二者関係と三者関係のどちらも、関係の原型として私たちはそもそも内的に保持していると考えている。それなのに私たちは、ややもすると、二者関係だけ、あるいは三者関係だけのどちらかを選ぼうとしてしまうようである。

けれども、私たちが臨床場面で出会う事実にそのまま目を向けているのなら、そのときに浮かび上がってくる関係ひとつひとつを大切にしていくことを積み重ねることで、そこにそれらが形をなしてくるようになると思う。あるときには二者関係として、別のときには三者関係として、私たちのこころに浮かび上がって来るのである。

いずれにしても「エディプス的三者関係」は精神分析の偉大な発見なのだから、遅かれ早かれ私たちはそこに導かれる。ちょうどエディプス自身が、避けがたい力でもってそこに導かれたように。

＊　ビオンはエディプス神話の諸要素を次のように述べている。①デルフォイの神託の宣言。②ティレシアシスの警告。彼は交尾を観察した蛇を攻撃したため視力を奪われている。③スフィンクスの謎。④傲慢に探究を続ける驕りの罪を犯したエディプスの不当行為。⑤テーバイの人たちに科せられた疫病。⑥スフィンクスとイオカステの自殺。⑦エディプスの失明と亡命。⑧王の殺害。⑨最初の質問は、怪物すなわち互いに調和しない幾つかの特徴から構成された対象によって、発せられている。また、エディプス状況として、1．父親・母親・子どもの間の関係の実感、2．情動的前概念、3．1に述べた実感が個人のなかに喚起した心理反応をあげた。

＊＊　エディプス空想の心的現実についてはブリトンは、両親の関係の本質とそれについての子どもの空想から始まり、子どもが一方の親を絶対的に所有しようとしてもう一方の親との競争心を発達させるようになる。ここで子どもの願望に対しての父親の妨害と出会う。そして、自己主張の結果、個人や親の死の恐れが生じてくる、と述べている。

文献

(1) Anderson, R. (1991) (Ed)『クラインとビオンの臨床講義』小此木啓吾監訳〔岩崎学術出版社、一九九六年〕
(2) Bion, W. (1961): *Learning from Experience.*『精神分析の方法 I』福本修訳〔法政大学出版局、一九九九年〕
(3) Bion, W. (1962): *Elements of Psycho-Analysis.*『精神分析の方法 I』福本修訳〔法政大学出版局、一九九九年〕
(4) Bion, W. (1979): *A Memoir of the Future.* Karnac, London, 1991.
(5) Bion, W. (1994)『ビオンとの対話――そして最後の四つの論文』祖父江典人訳〔金剛出版、一九九八年〕、『ビオンの臨床セミナー』祖父江典人・松木邦裕訳〔金剛出版、二〇〇〇年〕
(6) Britton, R. (1998)『信念と想像――精神分析のこころの探求』松木邦裕監訳〔金剛出版、二〇〇二年〕
(7) Hinshelwood, R.D. (1989): *A Dictionary of Kleinian Thought.* Free Association, London.
(8) Hinshelwood, R.D. (1994)『クリニカル・クライン――クライン派の源泉から現代的展開まで』福本修ほか訳〔誠信書房、一九九九年〕
(9) 松木邦裕〔一九九二年〕「不安の変遷とエディプス・コンプレックス」『精神分析研究』36-1
(10) 松木邦裕〔一九九六年〕『対象関係論を学ぶ――クライン派精神分析入門』〔岩崎学術出版社〕
(11) Spillius, E.B. (1988)『メラニー・クライン・トゥデイ①②③』松木邦裕監訳〔岩崎学術出版社、一九九三・二〇〇〇年〕
(12) Steiner, J. (1989) (Ed): *The Oedipus Complex Today.* Karnac, London.

初出

「エディプス・コンプレックス――ビオンと現代クライニアンの見解」精神分析研究ワークショップ「エディプス・コンプレックス――その全体像を探る」〔小寺記念精神分析財団・慶応心理臨床セミナー、二〇〇〇年八月二十七日、東京〕

Interactive Links

♣ *BEFORE this work ...*

ブリトン, R. (1998)**『信念と想像：精神分析のこころの探求』**
古賀靖彦訳〔金剛出版、2002 年〕

クラインが提示した早期エディプス・コンプレックスと抑うつ態勢を明確に関連づけ、早期発達でのエディプス状況に新たな見地をもたらしたブリトンのオリジナルな思考に出会う。

AFTER this work ... ♣

松木邦裕『精神分析体験：ビオンの宇宙』〔岩崎学術出版社、2009 年〕

フロイトのエディプス・コンプレックス概念から発展して、性愛のみを主題とせず、知の達成、思考の成熟としてのエディプス体験をビオンは提示した。第８章に、それがより明確に解説されている。

松木邦裕「ヒステリー――パーソナリティのひとつの母体として」
『精神分析研究』Vol.53(3), 270-280, 2009

部分対象関係水準のエディプス状況を臨床素材に描き出している。それが抑うつ不安、特に罪悪感、自責感のワークスルーと連動する過程が認められる。

第五章　対象関係論からみたナルシシズムと分析治療

パーソナリティの病い

〝ナルシシズム（自己愛）〟は、精神分析では古くて新しい臨床課題である。この概念はS・フロイトによって「性欲論三篇」[3]の脚注、「ナルシシズム入門」[4]のなかで精神分析に導入された。以来、たびたび議論の的となり、そのつど、新たな見解を加えてこの概念の重要性が認識されてきた。

〝ナルシシズム〟が語られたその当初は、臨床像としては精神病性のものがおもに視野に収められていた。そして今日、我が国に見る新しい病理現象の興隆——たとえば自傷、過食・嘔吐、乱脈的な刹那的性行為、家庭内暴力、ひきこもり——を見つめ、それらが万能的な心性が支配する衝動的な直裁的行為という形態をとっており、しかも現実の対人交流を欠いているか、断片的で道具的な部分対象関係しか存在していないことを知るとき、そこに「ナルシシズム／自己愛」という概念が否応なしに浮上してくる。

今日ではもはやこうした衝動行為の病いであるパーソナリティ障害に「境界（ボーダーライン）」という語を冠することはあまり意味をなさず、〝ナルシシズム〟という概念こそがパーソナリティの病いというひとつの病理スペクトラムに有用な視点をもたらしてくれるように思える。[9] しかし、私たちが〝ナルシシズム〟という概念に何を含ませているのかを正確に把握しておかないなら、病理の理解や治療対応も曖昧模糊としたものになりかねない。そこでこれから、対象関係論の立場でのナルシシズムについて述べようと思う。

今日の英国精神分析は、学派は伝統的に現代フロイト派、ポスト・クライニアン（現代クライン派）、独立学派に分かれているとしても、もはや学派の差より分析家それぞれの個人差の方が大きいという考えもある。[10] そしていずれの学派も「内的対象関係」を重視しているのではあるが、やはり相違は存在する。[8] その相違は、〝ナルシシズム〟という概念についても認められる。けれども本稿でそれらの異同を解説することが臨床事象の理解に有用とは考えない。そこで本章では、クライン派におけるナルシシズムに限って述べる。英国対象関係論の起源がメラニー・クラインの業績にあることは明白なので、この選択は妥当なものと考える。

概念の探究

〝ナルシシズム〟については、《一次ナルシシズム》と《二次ナルシシズム》という識別がフロイトによって導入された。[4]

二次ナルシシズムという病理

《二次ナルシシズム》とは、いったん対象に注ぎ込まれていたリビドー（愛情欲動）が自我（自己）に向け変えられる様態に言及したものである。古典的な視点からの典型的臨床像は、周りに関心を向けなくなっている慢性の統合失調症や、おのれの身体部位の不調のみに関心を限局している心気症である。一方《一次ナルシシズム》という概念は、乳児では出生後しばらくの時期は外的対象との情緒的つながりがまったく存在せず自己のみにリビドーは注ぎ込まれる、とフロイトが考えたことによる。すなわちフロイトは「自己と対象の分離のないナルシシズム」をこころの健康な発達の一段階として位置づけた。この見解を今日も保持している精神分析の臨床家がいる。英国対象関係論ではD・W・ウィニコット、米国ではH・コフート、M・マーラーらの発達理論を尊重する人たちである。

だがM・クラインは異なる見解をもった。幼児の精神分析から、乳児は出生のそのときから分化したものとして対象を感知しているとの結論を得た。つまり、出生直後から対象関係は存在するとのことであり、そこではすでに自己と対象は分離している。ここにおいて《一次ナルシシズム》は否定されている。すなわち、ナルシシズムはすべからく二次性のものであり、それは健康なこころの発達に沿う現象ではない。フロイトが示した「外的対象選択の正常な発達段階」とされる自体愛・一次自己愛の状態は、対象が存在しないのではなく、内在化されたよい対象にひきこもっている二次的自己愛状態である、とクラインは指摘する。[6]こうしてナルシシズムは、発達の病的逸脱を表す用語として明確に位置づけられることになった。

ただ、このことで、自己への愛情が存在しないことにはならない。むしろ、生下時から自己への愛情も対象への愛情も並行して存在していることこそが健康であることを指している。ここにおいて「自己についての愛情がナルシシズムである必要はない」[14]のである。

さらにその後の研究[11][13]からは、この《二次ナルシシズム》では、自己と対象の融合に伴い、愛情と攻撃の両欲動が「攻撃性」優位に倒錯的に凝塊化していることが解明され、ナルシシズムの病理では、その倒錯性がパーソナリティ全体を支配することにより強化され維持されている、と示された。

投影同一化

《二次ナルシシズム》をつくりだすこころのはたらきは〈投影同一化〉である。〈投影同一化〉は万能空想であり、その空想の現実化を実現させる。このはたらきによって自己の一部分が対象に投影され、そこで対象は自己の延長となる。両者の分化は消失する。一方、苦痛な自己部分は排除されて排泄され、主体的自己から隔離される。こうしていわゆる自己愛世界が確立される。

〈投影同一化〉が大量になされるほど、この傾向は著しくなる。というのは、〈投影同一化〉は万能空想のダイナミズムについてのひとつの表現であるから、〈投影同一化〉の大量化は、万能と全知の肥大にほかならないからである。そうであれば、こうした分離を否認する〈投影同一化〉使用の質と量が、ナルシシズムの病理の深さを規定していくと見ることができる。そして、この〈投影同一化〉は、内的世界の構造だけでなく、現実の人とのあいだの関係性において作用するものであるため、臨床的な意義が大きい。なぜなら、ナルシシズムの病理を心理療法的に取り扱うことは、分析場面における二者関係での〈投影同一化〉を取り扱うことだからである（治療技法の実際については後述する）。

自己愛対象関係

《二次ナルシシズム》が現れている対象関係は、「自己愛対象関係と構造 *narcissistic object relations and structure*」[5]である。そこでは前述したように〈投影同一化〉が過度に作動し、対象と自己の融合が起こる。この〈自己愛対象関係〉が堅固に構造化されると、自我や超自我の構造を変容させ、自己愛構造体 *narcissistic organization* と命名されている[12]。あたかも全知で万能のパーソナリティであるかのように機能する。そこから精神病、さらには衝動的破壊行為や性倒錯、嗜癖、ひきこもりを含む多様なパーソナリティ病理が派生してくる。

〈自己愛対象関係〉は、部分対象関係の固定化された病理現象である。〈自己愛対象関係〉の特徴は、自己と対象の分化の否認であり、万能と無傷の保持にあるが、そこから、次に列挙するような更なる特徴が出現してくる。[7]

① **よい対象**への依存の否認 ―― 愛情と栄養を自分に与えてくれる「よいもの」の源泉としての「よい乳房」に依存していることの否認である。ゆえに「自己がよい対象である」と感じられる。

② **よい対象**への破壊的な羨望の感情が防衛される。

③ 自己の万能と全知の保持 ―― **よい対象**の機能やはたらきを自己愛自己が乗っ取る。

④ 抑うつ不安の否認 ―― 自分が**よい対象**を必要としていることに気づくことは、自己の無力さや能力の限界に気づくことになり、そこから悲哀感や喪失感、対象への感謝を感じるゆえの罪悪感を味わうことになる。これらの感情が否認される。

⑤ みずからの破壊・攻撃性が肯定される ―― 自己と対象の分離の否認によって、**よい対象**に向けていた破壊的攻撃の悲惨さ（抑うつ不安のひとつ）も否認され、むしろ破壊は万能的に理想化されてしまう。いわば破壊的神であるかのように自己愛的自己が振舞う。

ナルシシズムに関する知見

ここで簡略にナルシシズムについての新しい知見を付け加えておこう。

ソーシャリズム　ビオンは、〝ナルシシズム／自己愛〟と対になる概念は「対象関係」ではない、と看破した。[1] ナルシシズムと対立し得る概念は「集団性のソーシャリズム／社会生活主義」であると彼は認識したのである。そのうえで、自己愛的な陳述には必ず社会生活主義的な陳述が含まれているとする。すなわち、ある人物が愛情衝動を自分に向けているなら自己愛的であろうし、その場合、憎しみを含む他のすべての衝動は社会集団に向けられる。つまりソーシャリズムになる。逆も真で、もし自己愛傾向の一部として、個人に憎しみが向けられているのなら、集団がソーシャリズム的に愛されるようになる。

この考えは、ひきこもりの理解に有用である。自宅に引きこもっている自己愛的な人たちは、社会集団を憎み恐れている。このスプリットの平衡を固持するために、母親との関係を、愛情あふれる一体のものであるかのように、過度に支配することをエスカレートさせていく。ひきこもりが解消するには、この平衡が崩れなければならない。そのためには、ひとつの対象の多数のスプリッティングからなる無限の対象からなる「集団」に向けられている多数の情緒が「自分自身」に向けられる必要があるし、社会集団に愛情衝動が向けられる必要がある。これは情緒発達を促すことではなく、視点の変換をつくりだすことである。

薄皮あるいは厚皮のナルシスト　ロゼンフェルドは、自己愛者には、外界対象の感情やはたらきかけに過敏でとても傷つきやすい人と、対象の感情を無視しはたらきかけを傲慢に拒絶する人がいる、とした。[13] 前者が〈薄皮 *thin-skinned*〉自己愛者であり、後者が〈厚皮 *thick-skinned*〉自己愛者である。

〈薄皮〉のナルシストは、自身についての客観的な指摘に耐えられないため、それを「外傷」と感じる。このため彼らの分析治療では、破壊的な自己愛部分に直面させるのではなく、破壊的な自己愛部分とのあいだに彼らが抱く葛藤に気づかせることを通して、彼らの自己愛構造の陽性面を維持できるようにすることが重要である。しかし傷つきやすさゆえに、分析は挫折しやすい。一方〈厚皮〉のナルシストは、主観的な思いに過剰に入れ込み、対象を呑み込もうとする。彼らの場合には、自己愛的な在り方と羨望は反復して直面化され解釈されねばならない。ただし、事はそう単純ではない。一般に自己愛者は〈薄皮〉と〈厚皮〉の両面を含み混在させている。ゆえに分析経過のなかで〈薄皮〉から〈厚皮〉へ——あるいはその逆——という心的態度の微細な推移に細心注意しておく必要がある。

知的ナルシシズム　知識の領域のナルシストがいる、というブリトンの提唱である。[2] それは、自分の考え、信念体系しか信じられない人である。心的破局（主観的体験が他者の客観性によって壊滅させられること）を怖れているゆえに、自分の考えに固執することになる。善と真実は自己の内にだけあり、外的対象世界はそれを盗もうとしていると感じられるのである。これは〈厚皮〉のナルシシズムの特異型とみることもできよう。

臨床素材

私は〝自己愛パーソナリティ〟の特性には以下の要素を見出す——「誇大な万能空想への固執」「『無傷』という自己感へのこだわり」「現実からのひきこもり」「抑うつ不安（悲哀）のもちこたえられなさ」「被害感の出やすさ」「強い羨望」である。ここで臨床素材にそれらを描き出してみる。

Hさんは知的に高い三十代半ばの男性。二十代から、慢性の強い抑うつと、職場を転々と変える社会的な適応困難に苦しんでいた。その頃から、さまざまな精神科治療・心理療法を受けてきたが、事態は何も変わらないどころか悪くなるばかりで、自殺も三度試みられた。家で暴れて家具を大破することもあった。

分析的面接を開始すると、Hさんは、死にたい思いを含めた慢性の抑うつを不断にこころに抱えていることを語ったが、自分のその極度の苦しさを誰も（私も含めて）まったく理解しようとしない、と激しく非難した。自分なら苦しむ人に涙を流すしその人にできるだけのことをするのに、誰も自分には何もしてくれない、皆は馬鹿だと罵った。

Hさんが、ひとり潰れてしまいそうな自身のすべてを温かく包んでくれる「母親」を絶望的に求めていることは明らかであった。その希求されている「母親」は彼の刻苦な気持そのものになってくれる人なのだった。再構成されてきた生活史から見ると、それは彼が喘息に苦しんでいた乳幼児の頃から求めつづけているものであり、得られない理想化された完璧な愛情を向ける「母親」であった。その「母親」との融合的に一体となる無傷の愛情経験こそが、求められるものであった。それ以外の愛情や親しみは、彼にはすべからく偽りのものであり、嫌悪し軽蔑するだけのものであった。ここに〝ナルシシズム〟と〈ソーシャリズム〉の対立があった。そして〈厚皮〉のナルシストの側面だった。

ゆえにHさんは、現実の親しい関わりをすべて「自分には何も感じられない無意味なもの」として、一方的に拒絶した。それは彼をさらに深く傷つけるだけであり、周りの大人たちはどうしようもなく鈍感な迫害者なのだった。その事態から、彼は滔々とみずからの世界感――「大人はみな殺人者である」――をまくしたてるが、それは、自分の思考と信念体系しか信じない〈知的ナルシスト〉のそれであった。

実際、Hさんには〈薄皮〉のナルシストの側面もあり、主観的には彼は「周りから無視され、耐え難い重い苦しみを一人で抱える、ひどく怯え傷ついた被害者」であった。また、みずからの日常的な些細な行為に強い罪悪感を抱き、傷つくことも再三だった。同じように、彼は私とのあいだには情緒交流はそもそも期待していないと言うが、私の様子は細かく感じており、彼への「何の思いも感じられない」私の対応にひどく傷つくばかりであることも語った。

私は「無価値で役に立たない対象」にすぎなかった。それだけでなく、私は一方的に彼から「搾取」していた。私との面接はお金をドブに捨てているようなものだ、と彼は吐き捨てるように何度も言った。私はしばしば困惑し、みじめさや無力を深く感じた。また、著しく構えてしまうことも少なくなかった。それらの〈逆転移〉感情の底には、私自身の彼への憎しみがあることも感じた。私自身が抑うつや傷つきやすさ、被害感の混ざり合った思いを味わいつづけることになった。私は「これがまさに、Hさんの内的対象群であることを強いられている事態だろう」と考えるに至ったが、この苦痛さは彼のものでもあると思い、まさに彼の語る彼の「気持になること」であった。ただ、それは彼にはまったく意味をもたなかった。私はそれらの感覚や考えを、みずからのこころに滞在させておくだけであった。

しかしながら面接は続き、二年を過ぎた頃、徐々にではあるが、相手がHさんを拒否しているのではなく、拒絶と失望の恐怖から彼が対象への依存に踏み込むことを回避すること、理想化された母親との完璧な一体体験はもはや得られないし、それを断念するしかないこと——分離した対象の認識と万能空想の喪失——も彼に見えてきた。だが、その喪失の悲哀は、彼には、致命的に傷つくこととして耐えられないことだった。その苦しみよりは死ぬほうがまだ受け入れられるように、彼には感じられた。気づいていく彼は「仕事をやめたい」と現実からの逃避を試みようとしたり、再び「周りが自分を拒絶している」と被害的に興奮し、面接を休むことを突然主張したりした。

このとき私は、あたかも私という強力な万能対象に侵入的に攻撃され潰れてしまうかのように、Hさんが激しく怯えていることを感じた。彼には対象も、彼と同様に自己愛的であった。そしてこの怯えこそが、彼が耐えられないにもかかわらず、独りで対処せざるを得ないと感じてきていたものだった。そして今も、それは耐え難すぎるものだった。

精神分析的アプローチ

〝自己愛〟病理が著しいパーソナリティの特徴は、外的ならびに心的現実の忌避である。それゆえの破壊的な行為も起こりうるが、一般には、葛藤回避の行動としての「引きこもり」による分析治療の中断や不定期化や、「知的引きこもり」としての〈無知 *not Knowing*〉に退避しやすい傾向がある。

このため、そうした傾向が著しい場合には、精神分析的な治療構造が保持できるよう環境を整備することも必要となる。たとえば家族との面接を設定して、家族のコンテイニング能力を推し量ったうえで家族が支持的環境としての役割を果たせるよう援助することである。ときとして看護師やソーシャルワーカーの関与も、支持的な治療環境の一部として有用である。また入院によって、病棟というコンテイニング環境を提供することも考慮されてよい。この場合、「回避」の程度、病的行動の「破壊性」の程度によって、心療内科の一般病棟、精神科の開放病棟／閉鎖病棟等を、望ましい治療環境として選択することになる。

向精神薬の使用も、治療の環境や構造の保持に貢献し得る。不安や抑うつ・不眠などが極端な強さになりすぎないように薬物によって調整することが、定期的な分析的面接を維持することに有用な場合がある。薬物自体は、根治の道具にも治療を主導するものにもならないが、治療を援助するものとして活用できる。

精神分析的面接の構造は、面接頻度の設定が重要である。面接回数を週三回以上で設定することは、治療の深まりや連続性の維持に有効であるだけでなく、自己愛的な病者の支持にもなる。親密さの体験とある種の選ばれて濃厚に診られているという満足をもたらすからである。そのうえで、「回避」されやすい葛藤や不安を取り扱うことが効果をあげる。週一回以下の設定では、治療構造そのものによる支持にはなりにくい。

カウチを使用するか対面法でおこなうかは、病者の希望で選択されてよい。自己愛的な病者はカウチの使用（見つめ合うことの欠如）を、注目されていない不安や不満として体験しやすい。また、分析過程の途中でカウチ使用から対面へ――あるいは逆方向――の変更を希望することも起こるが、治療者はそれまでの構造に頑なになることはない。要は、その変更が病者にとって何を意味しているのかを、いまここでの視点から理解していくことが重要なのである。

面接料金は、自己愛的なパーソナリティからの非難の対象となりやすいもののひとつである。それは、支払いが「二者の分化」を明示するからである。面接料金は治療構造の一つであるから、いかなる非難や正当な理由でありそうな見解で訴えられようとも、安易に変動させるべきではない。治療者は、経済的な話題を即現実の問題ととらえてはならない。また、治療者の「苦痛や不安にもちこたえる力」も、病者をコンテインする環境のひとつである。破壊的アクティングアウトの程度や治療者への攻撃や脱価値化、被害感の強さなどを予想して、どこまで対応できるかを（相性のよさを含めて）アセスメント時に査定しておくとよい。

治療者の姿勢

心的な構え方としては、自己愛者から影響を受けるのにオープンで受容的であることが求められる。同時にその一方で、心的な距離も保つことができ、治療者独自に感じたり考えたり、自分自身にも分析的であることができるのがよい。すなわち〈もの想い *reverie*〉の姿勢である。

基本的には治療者は中立的で隠れ身的であるが、ただ観念的に中立や隠れ身にしがみつくべきではない。柔軟さも時に必要となる。といっても治療者は、みずからの感情や考えを積極的に自己開示すべきでもなければ、率先して親切な振舞いをすべきでもない。しかしながら、傷つきやすい自己愛者であることを考慮したときには、〈転移〉されている対象関係の文脈を踏まえて、治療者が言語表現や感情表出に細心でありつつ、自然な共感や違和感、さらには謝辞や謝罪を伝えることもありうる。

自己愛者の繊細な感性とふれあうには、コミュニケーションが情緒を含んだものであることは大切なことであり、治療者は普段からことばに感情がこもるようにこころがけるべきである。

解釈技法

解釈技法として推奨されるのは「いまここでの転移解釈」であるが、自己愛者に対しては注意を要する点がある。ロゼンフェルドは、〈薄皮〉のナルシスト〈外傷を受けていたり受けやすかったりする人〉の場合は、このタイプの転移解釈が有害となることがある、と指摘している。

なぜなら、治療者が安易に〈私が……〉〈私に……〉という形式の治療者中心のいまここでの転移解釈をすることは、患者の注目や関心の的であろうとする「自己中心的な原初対象の外傷的な振舞いを治療者が繰り返している」と患者が体験し、激しい拒絶反応を起こしたり羨望を掻き立てるものとして、再度の外傷として体験するからである。とりわけ分析過程の前半では、いまここでの転移解釈をおこなうにしても、治療者中心の解釈ではなく、病者中心の解釈をこころがけておく必要がある。それはたとえば、〈私があなたを嫌っていると……〉といった表現ではなく、〈あなたは嫌われていると感じているようですし、ここであなたを私も嫌っている……〉といった表現である。すでに指摘したように、実際には自己愛者は〈薄皮〉と〈厚皮〉を混在して持っているので、解釈にかかわるこの配慮は、自己愛者の分析では基本的に求められている。

第二として、転移解釈をおこなう場合には〈逆転移〉との照合をこころがけておくことが重要である。なぜなら〈転移〉と〈逆転移〉は、ひとつのマトリックス上の「自己と対象の交流」というコンテクストのものであり得るからである。この点は次項で追記しよう。

乳幼児期の生活史を詳しく把握することは、〈転移〉状況への誤解や間違った解釈を防ぐことにつながなる。そのため、初めのうちは過去の外傷的な出来事の細かなところを同情的に解明していくことが必要だ、ともロゼンフェルドは指摘している。このことと関連するが、過去の体験〈外傷状況を含めた〉にまつわる再構成の解釈に関しては、意見が分かれている。その解釈は、いまここでの体験から病者を逸らしてしまうとの見解もあるが、再構成の解釈によって病者が有用な体験の連続性と一貫性を保持することになるとの見解もある。要は、再構成の解釈を与えられる病者の心的態勢に病者の受け取り方が左右される、ということを認識しておくことである。病者が妄想・分裂的な構えでとらえるなら、それは防衛を強化するものとなってしまうのだが、抑うつ的な構えの場合には、洞察を深める機会となるであろう。

逆転移

〈逆転移〉は、行為で感情や考えを排出しようとしているあらゆる「パーソナリティ障害」での無意識のコミュニケーションを感受する治療者の心的装置として活用されるべきものである。語られている言葉に含み込まれていない感情や考え、ひいては葛藤や不安の存在を感知する糸口が〈逆転移〉の検討から認知され、それが〈転移〉の理解を深めることが少なくない。

いずれにしても、自己愛者が引き起こす〈逆転移〉には強烈なものがあり、治療者は無意識のうちにみずからの感情や思考に圧倒されてしまう。このため私たちは、不断に私たち自身の内的な事態に目を向けていて、圧倒されて考えられないこころに落ち込んでいる状況を見落とさないよう、客観視できる視点を保持できることが望まれる。これが、治療者が自分自身に開かれていることであり、自己愛者との自己愛対象関係を揺れながらも生き抜くために不可欠な要素である。この〈逆転移〉の強烈さには、見立てにおける意義が含まれる。自己愛者は私たちのなかに、彼らの苦痛や悲しみへの「同情」や「いたわり」の思いよりも、「どこか嫌な感じ」——不快感・戸惑い・怒り・嫌悪感・上滑り感・被支配感など——を掻き立てやすい。

そして面接過程では、悲しみ・憎しみ・怖れ・無力感・羨望といった負の感情が私たちのなかで強烈に湧き上がることは少なくない。「これらの感情が私たちのものでありながら、それとともに誰の何からなのか」を知ろうとしていくことが、転移され投影されたものを知ることにつながっていく。治療者に湧き上がっている〈逆転移〉の感情や思考がそもそも自己愛者のものであると安易に決め込んでしまうことはあってはならないが、〈逆転移〉がひとつのマトリックスにおける治療者に得られた知覚物であるとの視点からの〈転移〉との相互作用の吟味は有意義であり、そこに新たな局面が開けることも少なくない。

おわりに

科学技術のすさまじい発達による生活の利便性と大量の消費物質の供給を、私たちは今日ますます享受している。そしてこれらの文明産物の享受を体験して初めてわかったのは、それらが、こころの健康な作業――じっくり考えることや悲哀を感じることといった――を含めてあらゆる不快や苦痛を拒否し、万能感と連結している「感情の快」だけを得ようとする自己愛的な在り方に引きこもることを強力に推進するものである、ということである。そして快が得られないときでさえ万能的世界に引きこもり、そこで被害的な恨みや羨望に対処できているかのように振舞う。ますます私たちの〝ナルシシズム〟は、快感を貪り食い、爆発的に肥大していきそうである。

現代文明の潮流は、さらに加速することはあっても止まることはない。これからの私たちは何処に行くのであろうか。

文献

(1) Bion, W. (1960): *Cogitations*. Karnac, London, 1992.

(2) Britton, R. (1998)『**信念と想像——精神分析のこころの探求**』古賀靖彦訳〔金剛出版、二〇〇二年〕

(3) Freud, S. (1910)「性欲論三篇」『**フロイト著作集5**』〔人文書院、一九六九年〕

(4) Freud, S. (1914)「ナルシシズム入門」『**フロイト著作集5**』〔人文書院、一九六九年〕

(5) Klein, M. (1946)「分裂的機制についての覚書」『**メラニー・クライン著作集4**』小此木啓吾・岩崎徹也編訳〔誠信書房、一九八五年〕

(6) Klein, M. (1952)「転移の起源」『**メラニー・クライン著作集4**』小此木啓吾・岩崎徹也編訳〔誠信書房、一九八五年〕

(7) 松木邦裕〔一九九〇年〕「クライン派精神分析における人格病理、とりわけ人格の中の心的構造体についての研究の展開」『精神分析研究』34-2

(8) 松木邦裕〔一九九五年〕「ナルシシズムの様態：自己愛から自己愛対象関係へ——クライン派の臨床と理論に基づいて」『精神分析研究』39-3

(9) 松木邦裕〔一九九八年〕「精神分析的精神療法の最近の病態に対する適応」『臨床精神医学』27-8

(10) Milton, J., Polmear, C. and Fabricius, J. (2004): *A Short Introduction to Psychoanalysis*. Sage Publication.『**精神分析入門講座——英国学派を中心に**』松木邦裕監訳〔岩崎学術出版社、二〇〇六年〕

(11) Rosenfeld, H. (1965): *Psychotic States*. Hogarth Press, London.

(12) Rosenfeld, H. (1971)「生と死の本能についての精神分析理論への臨床からの接近」『**メラニー・クライン トゥデイ②**』松木邦裕監訳〔岩崎学術出版社、一九九三年〕

(13) Rosenfeld, H. (1987)『**治療の行き詰まりと解釈——精神分析における治療的／反治療的要因**』神田橋條治監訳〔誠信書房、二〇〇一年〕

(14) Segal, H. (1983): Some Clinical Implications of Melanie Klein's Work. *Int J Psycho-Anal* 64.

初出

「英国対象関係論からみた自己愛と分析治療——クライン派を中心に」『精神療法』33-3〔二〇〇七年〕

Interactive Links

♣ *BEFORE this work ...*

ローゼンフェルド, H. (1987)**『治療の行き詰まりと解釈』**館直彦・後藤素規訳〔誠信書房、2001 年〕

クライン次世代の代表的な英国クライン派分析家の遺作である。彼は前著“Psychotic States”でもナルシシズムに着目していたが、それを発展させ、精神分析臨床でのナルシシズムの破壊性を精密に描いている。

松木邦裕「ナルシシズムの様態——自己愛から自己愛対象関係へ」『精神分析研究』Vol.39(3), 150-158. 1995

ナルシシズムは精神分析のさまざまな立場から語られるが、ここではクライン派の視点に立脚したナルシシズムを著しており、本章はそれに連なるものである。

AFTER this work ... ♣

松木邦裕『摂食障害というこころ』〔新曜社、2008〕

自己愛パーソナリティ障害としての摂食障害のナルシシズムの病理に焦点をあてている。その病理、病態の変遷と精神分析的対応を著している。

終　章　抑うつ態勢と「諦念」

こころの体験

　ここでは、ひとつの精神分析概念と仏教からのある概念を対照してみる。すなわち、乳児のこころの発達局面であり、その後の人生において繰り返しとられる「こころのポジション」についての対象関係論の概念である〈抑うつ態勢 *Depressive Position*〉における心的体験過程と、〝諦念〟という仏教由来の概念が含む「こころの体験様式」の異同を検討する。

　ただし私は、精神分析についてはそれを専門としているため体験的知識をもっているが、仏教については、日常生活でのコモンセンスとしての知識しかもちあわせていない。ここでの検討には当然そうした限界があることを断っておく。

　まず〝諦念〟と〈抑うつ態勢〉それぞれの概念を紹介しよう。

諦念

〝諦念〟という概念から始めるのは、諦念がそもそも仏教からきた特殊な用語であるとしても、今日では日常の言葉のひとつであり、私たちには耳慣れた、普通に分かち合われ得るコモンセンス（常識・共通感覚）として認識されている概念だからである。

「諦念」は、仏教ではタイネンと読み、永遠の真理の正しい法則を悟るために仏道修行を修めるときにその修行の基本となる八種の実践徳目である八正道のうち、第二の正道――すなわち正思惟（略して「正思」ともされる）――の古訳である。そして「正思惟」とは、正しく思惟すること、正しい見解、正しい思考、正しい志向、またはそれを持つもの、という意味をもつ。[10] 一方、日常語では「諦念」はテイネンと読む。そしてその意味は、「道理をわきまえてさとる心、また、あきらめの気持ち、断念」[11]、「道理をさとる心、また、あきらめの心」[12]、「①道理をさとる心、真理を諦観する心、②あきらめの気持」[8]と記されている。

興味深いことに、日常語の諦念《テイネン》は、仏教語の諦念《タイネン》がもつ意味（「正しく思惟し、正しい考えを持つこと」）の延長にあり「正しく考えるときの目標物（道理や真理）」を改めて明瞭にしたといえる意味（「道理をさとる心、真理を諦観する心」）に加えて、「あきらめの気持、断念」という抑うつ的な情緒色の濃い意味がそこに付け加わっているのである。

ここには一見、不思議に思われることがある。なぜ道理や真理をさとることが、「あきらめの気持、断念」とつながる――あるいは並列される――ことになるのか？　さて、何が起こっているのであろうか？　どうやらこの点が、今回の〈抑うつ態勢〉という精神分析概念との対照作業が照らし出してくれるもののようでである。

もうひとつの特徴は、そもそも〝諦念〟は「主体」のこころの知的なありかたであり、それに対応する「客体（対象）」とのかかわりについては何も触れられていないことである。この点は紀元前のインドに派生した思想に共通する特徴なのだが、〝諦念〟の含む特徴であることには変わりはない。ここにも〈抑うつ態勢〉という対象関係を含む視点が浮かび上がらせてくるものがありそうである。

抑うつ態勢

〈抑うつ態勢〉[3]は、生後四、五ヵ月からの乳児の情緒発達や内的対象関係・本能変遷にまつわる概念で、こころのなかの世界（内的世界）のひとつの定型的なコンステレーションとダイナミクスを、内包している。[6]それは、抑うつ的な「不安」と「思いやり」の感情、自己と内的対象それぞれの統合と分離が確立された全体対象関係、より洗練された心的（防衛）メカニズム、象徴を使う抽象的な二次過程思索の活動、現実検討能力の向上、といった要素から成っている。

ところで、発達という視点から乳児のこころを見たとき、その発達過程には〈抑うつ態勢〉に先行するもうひとつの態勢がある。それは〈妄想－分裂態勢 *Paranoid-Schizoid Position*〉と呼ばれるものである。この〈妄想－分裂態勢〉は、生後まもなく形を成し三ヵ月頃をピークとする、迫害不安（妄想性の不安）、断片化した内的対象群（もしくは迫害対象と理想化対象に分割している部分対象関係）、体内化・排出・断片化などの具象的な心的活動、などから成る心的コンステレーションである。

この〈妄想‐分裂態勢〉という心的体験を踏まえて、〈抑うつ態勢〉は発展してくる。乳児は生後四、五ヵ月からこの〈抑うつ態勢〉を体験し始め、離乳期にそのピークに達する。

〈抑うつ態勢〉における乳児の内的世界は次のようである。[5]

よい内的対象（よい母親やよい乳房）やよい自己への安心感と信頼の高まり、心的諸機能の連結、神経・筋肉などの生理・運動機能の発達などから現実知覚が高まり、それまで断片化され分割されていた自己や対象はそれぞれ統合に向かう。

つまり、飢えや痛みなどの苦痛を与えてくると乳児に感じられている破壊‐攻撃的な**悪い対象**（悪い乳房／母親）と、その悪い対象を憎み、**破壊・攻撃する自己**、そしてこの部分対象関係に並列して存在していた、心地よさや満足を与えてくれる愛情あふれる**よい対象**（よい乳房／母親）と、その対象からの愛情に満たされつつ対象に愛情を向けている**よい自己**という、別個の部分対象関係から成るそれまでの分裂した〈妄想‐分裂的〉内的世界に変化が生じてくるのである。

苦痛を与えてくる攻撃的な悪い乳房と愛情をくれるよい乳房とが、同じひとつの**まとまった全体対象**としての乳房／母親であると、〈抑うつ態勢〉に入った乳児は認識し始める。もちろんその一方で、悪い乳房を憎み攻撃・破壊していた自己とよい乳房に愛情を向けていた自己とが**ひとつの自己**である、とのことも認知されてくる。

こうして、このような現実認識が高まるがゆえに、愛情と憎しみが入り混ざってしまう、いわゆるアンビヴァレントな感情が乳児に意識的に味わわれ始めることになる。

ここにおいて、新しい感情が湧き上がってきて、新たな内的状況が生じてくる。それは、強烈で、破局的なものでさえある。すなわち、**悪い対象**だと思い込んでいたために実際には**よい対象**に攻撃を向けていたことで、**よい対象**を壊滅的に傷つけたり死なせてしまい、もはや存在しないようにしてしまったのではないか、という「絶望」「悲哀」の感情であり、自分がそうしていたことへの「罪悪感」や「悔い」である。また、失ってしまったと感じられている**よい対象**への強烈な思慕も体験される。こうした感情が、〈抑うつ不安〉と総称されるものである。つまり、愛情優位な世界での「よいものの喪失」への反応として生じるこころの痛みなのである。

乳児にとって、現実を知ったゆえの〈抑うつ不安〉への対応こそが、この時期の大変に切実な課題となる。現実認識に基づくこの苦痛な情緒体験にもちこたえていくことが、自己や対象のさらに本格的な統合をもたらす。このため、**よい自己**を豊かにするための対象の**よい部分**の〈とり入れ同一化〉はより積極的になされ、対象の損傷や断片化・部分化をもたらす過度な〈投影同一化〉のはたらきは減退していく。

しかしこの不安に耐えられないときには、より原始的な防衛である〈分裂機制〉を多用し、対象や自己を〈スプリット〉して不安を忌避したり、あるいは〈躁的防衛〉を使って対象の万能的なコントロールを続け、対象の破壊を否認し、「よい対象」を非現実的に理想化しつづけようと試みる。これらはいずれも、現実吟味力、情緒や内的世界の成熟を妨げてしまう。

ここで〈抑うつ不安〉にもちこたえていくことができるなら、乳児は「自分が対象を傷つけた」という心的事実を受け入れ、それを何とか修復・再建しようと努める。ここに新たな感情である「償い」の思いがいきいきと湧いてくる。そしてさらには、傷つけたにもかかわらず愛情を注ぎつづけてくれた対象への「感謝」、対象を傷つけないように配慮する「思いやり」「気遣い」という、より成熟した感情が生まれてくる。

〈抑うつ態勢〉においては、これまで述べてきた〈抑うつ不安〉のワークスルーを中心に心的変化が進行していく。

自己と対象それぞれの統合の進展によって、排除・排出をめざした〈スプリッティング〉や〈投影同一化〉のはたらきが減少するため、自他の分化がより確実になる。つまり、病的・自己愛的な対象関係が解消されていく。このことは、心的対象としての「象徴」や「観念」の成熟を促し、象徴が「具体象徴（象徴等価物）」から「象徴表象」へ、思考が「具体思考」から「抽象思考」へと発達していくことをもたらす。さらにはそれが、「罪悪感」「喪失感」「絶望感」といった感覚を、具体的な行為によってではなく、それらの情緒を含む観念としてこころのなかに位置づけ、それとして心的に扱うことを可能にすることで、〈抑うつ不安〉のワークスルーをさらに推し進めることにもなっていく。

これが次には、「内的世界は象徴や言語の活動を含む豊かさをもち、具体物からなる外界とは必然的に区別されていく」という現実検討力の向上にもつながる。またそれが、〈スプリッティング〉や〈投影同一化〉が洗練された抽象的な心的メカニズムとしてはたらくようになることを促す。

このように〈抑うつ態勢〉で成し遂げられるのは、それがたとえどんなにこころの痛みを伴うことであろうとも、心的ならびに外的現実を現実として受け止め、それを現実的に考え、その現実に愛情を信頼して対応しようとしつづけるこころの在りかたである。

抑うつ態勢と諦念

ここまで述べてきたことから、〈抑うつ態勢〉と〝諦念〟にはかなり共通の認識と感情が含まれていることに気づかれたのではなかろうかと思われる。むしろ、〈抑うつ態勢〉の概念として解説してきたことがまるで〝諦念〟を説明しているかのようでもある。それをさらに検討してみよう。

抑うつ態勢のワークスルー

述べてきたように〈抑うつ態勢〉では、内的状況は〈妄想－分裂態勢〉とは一変した様相を呈するようになる。そして、ひととおりの〈抑うつ態勢〉の進展は、離乳を中心とした乳児期の発達において達成されるが、そのワークスルー（作業し通すこと）は、個人の生涯をかけて進められていくものである。

これは、心的現実・外界現実をそれとしてありのままに受け入れようとしていく過程でもある。人生で必然的にたびたび体験される「喪の作業（悲哀の仕事）」は、言い換えるなら、この〈抑うつ態勢〉の繰り返されるワークスルーなのである。[6][7]

〈抑うつ態勢〉のワークスルーは、それを「こころの機能」というところに重点を置いて見てみるなら、こころと外界の状況を現実のままに知覚しつづけ、その結果生じる限界を認め、理想化や万能を断念し、それゆえに生じる抑うつ的な感情、悲しみ、寂しさ・絶望感、罪悪感などの痛みはあっても、心的に現実的な感情にもそのまま持ちこたえて生きつづけることである。クラインは晩年「私たちは大人の分析、子どもの分析どちらにおいても、抑うつを充分に体験することを通して、希望の感情が現れてくるものであることを観察できる」と述べている。[4]

しかしながら、現実認識に基づく抑うつを充分に体験するというそのワークスルーの困難さについては、クライン自身、繰り返し述べている。また、ビオンはそれを明瞭に示した。

W・ビオンは「Ps↕D」という記号表示を活用して、こころの在り方が、Ps——すなわちParanoid（妄想的）-Schizoid（分裂的）——である「自己や対象の断片化」「他罰・迫害的」「万能感」といった非現実的理想化のコンステレーションから、D——すなわちDepressive（抑うつ的）——である「統合」「内省・自責的」「断念」の現実肯定的コンステレーションへと、さらには逆にDからPsへと、日常的にシーソーのバランスのように揺れ動くことを示した。①

そしてさらにR・ブリトンはビオンの公式を援用し、こころの成長につながるサイクルを「Ps(n)→D(n)→Ps(n+1)→…D(n+1)」と新たに公式化している。②

これは次のように解説できる。「Ps(n)→D(n)」は、その日のこころの統合へ向かう動きである。達成された「D(n)」の心性において、新たな解決が期待できそうな現実的な信念に基づく希望が生まれてくる。そうなると性質は変わり、理想的解決の期待と迫害的失望の予感とが交互に現れるようになる。つまり〈後-抑うつ態勢〉としての現実性を欠いた新たなPsも現れてくるのである。

これには必然的に「苦痛」や「自己愛的喪失」が伴うし、「混沌への強い恐怖」「プライド」や「羨望」がこころの退行を誘発することもある。退行が起こった場合、「Ps（病理2）→D（病理2）→Ps（病理）→D（病理）」という、いわば後ろ向きの展開が生じてくることになる。

このように、ただDに留まることがこころの成長をもたらすのではなく、Dゆえの「希望に伴う失望・苦痛・恐怖」にもちこたえることが、成長へとつながるのである。

諦念の意味するもの

この〈抑うつ態勢〉のワークスルーは、外的事実と心的事実を見つめつづけることを通して体験することになる、事実／現実が必然的に求めてくる限界認識から派生する喪失感情、すなわち「喪の作業（悲哀の仕事）」についてのこころの動き・経過を含むダイナミックな概念である。

一方〝諦念〟は、同様の「事実をそのまま認識していくこころ」の態度や達成を、東洋らしく簡素に凝縮して表しているようである。別の表現をするなら、〝諦念〟という質素な言葉には、こころの健康な成熟には欠くことのできない、また生きた人のこころであるがゆえに成し遂げることのできる、とても豊穣な達成が含まれているのである。

〝諦念〟の「正しく思惟すること」とは、欲望のおもむくままに万能的――あるいは倒錯的・自己愛的――となってしまう「空想」や「想像」に引き込まれず、内的・外的事実をそのまま事実として直視しつづけること、すなわち「見つめ、考えること」を言っているのである。

この思惟は、情緒を排除した知的な作業ではない。むしろその逆といえる。それは、現実的に考えつづけることから派生してくる「自己や他者に対する愛情や憎しみ」の感情を感知しながらも、それらに巻き込まれてしまうことなく、事実を体験的に知ろうとしつづけるという、こころ全体を機能させて達成されるある種、情緒的な体験なのである。そうであるからこそ、「断念」という強い情緒を伴う作業が意識的になされることになるのである。

すなわち、この在りかたは、「道理をさとるこころ」「真理を諦観するこころ」からもたらされる〝洞察の悦び〟と同時に、それが事実であるがゆえの万能的達成や貪欲な充足は放棄されねばならないという「喪失」の、悲しい――しかし他者との愛情あるつながりもそこに確実にある――「断念」「あきらめの気持」という抑うつ的な〝こころの痛み〟が、意識されながら体験されることになるのである。ここでの断念は、ただ切り捨てることではない。「希望」と「失望」というアンビヴァレントな感情がそのまま体験されていることである。

それは、人が神（あるいは絶対者）になってしまうのではない、まさにこれこそが現実そのものである「私たちが人であること」を認識しつづけることで為せる、その人としてのこころの情緒豊かな成熟した在りかたなのである。おそらく古代インドにおいてすでに、人が人として健全に生きていく――健やかなこころでありつづける――には何が必要であるかが知られていたのである。私たちがひとりの生きている人として、主体として、このようなこころを持っておくことが、〝諦念〟という言葉に秘められてきたのであろう。

ただし、厳密に仏教という枠で〝諦念〟を考える場合、諦念（すなわち正思惟）の対象は、「業」による苦痛に充ちたこの世に輪廻してくる生存である自分にかかわる根源的な事実であり、〈抑うつ態勢〉の内的世界の母親対象にまつわる事実とは異なっている。さらには、初期仏教においては事実の正思惟の目的は、輪廻の断絶（すなわち解脱）という理想への到達にある。[9] この点も、〈抑うつ態勢〉のワークスルーがいわば「目標はも持ちながらも最終到達点には行きつかない」と見るところとは異なる。

しかしそうであるにしても、タイネンがテイネンと読まれるようになっていった時の経過とともに、現実知が〝諦念〟という概念にも浸透していったと私は考えたい。

おわりに

〝諦念〟は、正しく（すなわち現実を踏まえつづけて）考えることで真理を知り、現実の認識によって道理をわきまえ、さらには、そこに必然的に伴う「万能空想や理想化の断念」、その喪失の悲しみを受容するという、あきらめの気持を著している。

人のこころの在りようの本質は、時代や文化に左右されるはずがない。こころの本質を知ろうと努めてきたインド・中国・日本という東方文化のなかの熟考から生まれた〝諦念〟という思想と、精神分析という西欧文化に生まれた方法から見出された〈抑うつ態勢〉という概念が、「事実を見つめることに含まれる〝喪失の悲しみ〟がこころを健康に成熟させる」と共通に描いていることを知ることができた。

このように、こころの健康な在り方についてまったく別の道をたどりながら両者が一致している、ということは、この理解がこころの本質について正確だということを意味すると同時に、文化がいわば衣類に過ぎず、人は同じであることを示しているのではないだろうか。

たとえそれが痛みを伴っていようとも、ここに〝こころの真の健康〟が見出されるように私は思う。

文献

(1) Bion, W. (1963)「精神分析の要素」『精神分析の方法 I』福本修訳〔法政大学出版局、一九九九年〕
(2) Britton, R. (1998)「抑うつ態勢の前と後」『信念と想像――精神分析のこころの探求』古賀靖彦訳〔金剛出版、二〇〇二年〕
(3) Klein, M. (1935)「躁うつ状態の心因論に関する寄与」『メラニー・クライン著作集 3』西園昌久・牛島定信編訳〔誠信書房、一九八三年〕
(4) Klein, M. (1952)「幼児の情緒生活についての二、三の理論的結論」『メラニー・クライン著作集 4』小此木啓吾・岩崎徹也編訳〔誠信書房、一九八五年〕

(5)松木邦裕〔一九九六年〕『対象関係論を学ぶ――クライン派精神分析入門』〔岩崎学術出版社〕
(6)松木邦裕〔一九九八年〕『分析空間での出会い――逆転移から転移へ』〔人文書院〕
(7)松木邦裕〔二〇〇二年〕『分析臨床での発見――転移・解釈・罪悪感』〔岩崎学術出版社〕
(8)松村明監修『大辞泉』〔小学館、一九九五年〕
(9)中村元〔一九九〇年〕『ウパニシャッドの思想』中村元選集〔決定版〕第九巻〔春秋社〕
(10)中村元〔二〇〇一年〕『広説佛教語大辞典』〔東京書籍〕
(11)日本大辞典刊行会『日本国語大辞典』第二版〔小学館、二〇〇一年〕
(12)新村出編『広辞苑』第三版〔岩波書店、一九八三年〕

初出

「抑うつポジションと仏教の諦念」『現代のエスプリ435 トランスパーソナル心理療法』〔至文堂、二〇〇三年〕

Interactive Links

♣ *BEFORE this work ...*

松木邦裕『対象関係論を学ぶ』〔岩崎学術出版社、1996 年〕

抑うつ態勢についての基本的な理解は本書から得られる。いわゆる「こころの痛み」とは、抑うつ不安なのである。

AFTER this work ... ♣

松木邦裕「『抑うつ』についての理論」

『抑うつの精神分析的アプローチ——病理の理解と心理療法による援助の実際』松木邦裕・賀来博光編〔金剛出版、2007 年〕

対象喪失による喪の悲哀の過程と、そのワークスルーの挫折・失敗としての抑うつを総説的に述べている。諦念のむずかしさが抑うつの臨床である。この編著書では、そうした事例が検討されている。同書に収められている「悲しみをこころに置いておけないこと——抑うつ状態についての覚書」も併読されるとよい。

著者略歴

松木邦裕 （まつき・くにひろ）

佐賀市に生まれる〔1950年〕、熊本大学医学部卒業〔1975年〕。
九州大学医学部心療内科〔1975年－〕、福岡大学医学部精神科〔1978年－〕、タヴィストック・クリニック〔1985年－〕、福間病院〔1987年－〕を経て、精神分析個人開業〔1999年－〕。
京都大学大学院教育学研究科臨床心理実践学講座に在籍〔2009年－〕。

日本精神分析学会会長　日本精神分析協会正会員
日本心理臨床学会代議員

著書に次のようなものがある――『分析空間での出会い』〔人文書院〕、『対象関係論を学ぶ』『分析臨床での発見』『精神分析体験：ビオンの宇宙』〔以上、岩崎学術出版社〕、『私説 対象関係論的心理療法入門』『摂食障害の治療技法』〔以上、金剛出版〕、『精神病というこころ』『摂食障害というこころ』〔以上、新曜社〕。

編著としては――精神分析臨床シリーズ『摂食障害』『抑うつ』『精神病』『パーソナリティ障害』〔以上、金剛出版〕など。

訳書に――ビオン『再考：精神病の精神分析』〔金剛出版〕、ケースメント『あやまちから学ぶ』『人生から学ぶ』、ミルトン他『精神分析入門講座』〔以上、岩崎学術出版社〕、ストレイチー他『対象関係論の基礎』〔新曜社〕、以上監訳など。

分析実践《ぶんせきじっせん》の進展《しんてん》
精神分析臨床論考集

2010年4月10日　第1版第1刷発行

著　者……………………
松木　邦裕
発行者……………………
矢部　敬一
発行所……………………
株式会社 創元社
http://www.sogensha.co.jp/
本社　〒541-0047 大阪市中央区淡路町4-3-6
Tel.06-6231-9010 Fax.06-6233-3111
東京支店　〒162-0825 東京都新宿区神楽坂4-3 煉瓦塔ビル
Tel.03-3269-1051
印刷所……………………
株式会社 太洋社

ISBN978-4-422-11440-8 C3011